יֵשׁ לָנוּ לָמָה

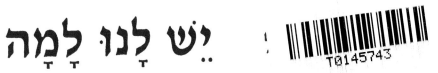

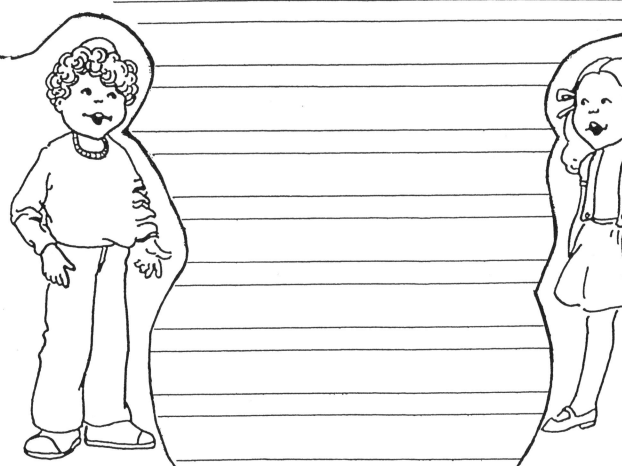

מָה אַתְּ
חוֹשֶׁבֶת

מָה אַתָּה
חוֹשֵׁב

עַל הַסֵּפֶר **יֵשׁ לָנוּ לָמָה?**

חֲזָרָה

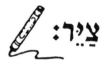

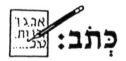

צַיֵּר:

דָּנִי בַּבַּיִת שֶׁלּוֹ

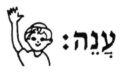

עֲנֵה: כְּתֹב:

מַה דָּנִי חוֹשֵׁב?

יֵשׁ לָנוּ לָמָה

הַסֵּפֶר הַשֵּׁנִי

חוֹבֶרֶת עֲבוֹדָה

מאת:

ורדה כהן אדית לוי

כרמי קוברין ברברה רידברג

מאיירת: קתי קן מדפיסה: ורדה נוביץ

שֵׁם: ____________________

____

ISBN 0-87441-591-8

1 הַיְלָדִים הוֹלְכִים הַבַּיְתָה

הוֹלֵךְ הוֹלֶכֶת הוֹלְכִים הוֹלְכוֹת

בְּחַר:

כְּתֹב:

1. דָּנִי הוֹלֵךְ ______ אֶל כִּסֵּא.
2. שָׂרָה וְרוֹנִית ______ אֶל ______
3. עֲלִיזָה ______ אֶל ______
4. מֵאִיר וְנָעֳמִי ______ אֶל ______
5. יַלְדָּה ______ אֶל ______
6. אוֹרִית וְיָעֵל ______ אֶל ______
7. הוּא ______ אֶל ______
8. עֹפֶר וְדָנִי ______ אֶל ______
9. יְלָדוֹת ______ אֶל ______
10. הוּא ______ אֶל ______

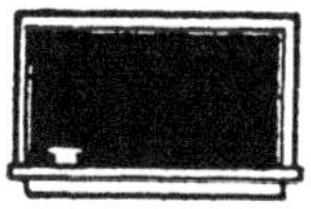

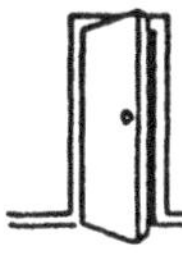

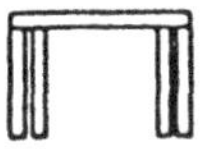

כִּתָּה כַּדּוּר שֻׁלְחָן פַּח בַּיִת שִׁירִי מוֹרָה לוּחַ דֶּלֶת ~~כִּסֵּא~~

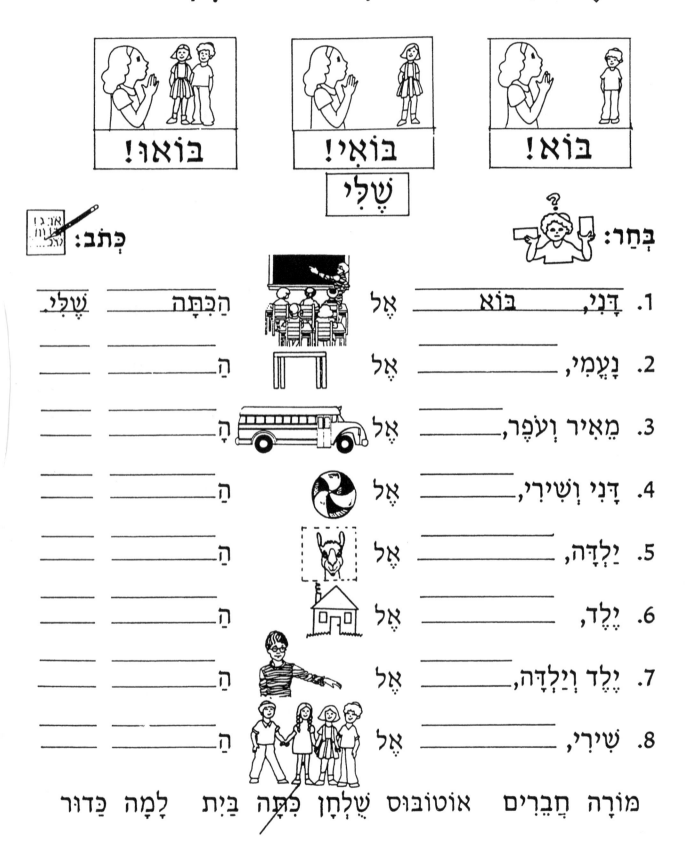

1 הַיְלָדִים הוֹלְכִים הַבַּיְתָה

בּוֹאוּ!	בּוֹאִי!	בּוֹא!

שֶׁלִּי

בְּחַר:

כְּתֹב:

1. דָּנִי, בּוֹא אֶל הַכִּתָּה שֶׁלִּי.
2. נָעֳמִי, ______ אֶל הַ______ ______
3. מֵאִיר וְעֹפֶר, ______ אֶל הָ______ ______
4. דָּנִי וְשִׁירִי, ______ אֶל הַ______ ______
5. יַלְדָּה, ______ אֶל הַ______ ______
6. יֶלֶד, ______ אֶל הַ______ ______
7. יֶלֶד וְיַלְדָּה, ______ אֶל הַ______ ______
8. שִׁירִי, ______ אֶל הַ______ ______

מוֹרָה חֲבֵרִים אוֹטוֹבּוּס שֻׁלְחָן כִּתָּה בַּיִת לָמָה כַּדּוּר

2 הָאוֹטוֹבּוּס הַצָּהֹב שֶׁל בֵּית-הַסֵּפֶר

גָּדוֹל   גְּדוֹלָה   גְּדוֹלִים   גְּדוֹלוֹת

אוֹטוֹבּוּס

הַתְאֵם: כְּתֹב:

1. אוֹטוֹבּוּס גָּדוֹל עַל-יַד בַּיִת קָטָן.
2. דָּנִי הוֹלֵךְ אֶל הָאוֹטוֹבּוּס הַגָּדוֹל.
3. יְלָדִים עוֹמְדִים עַל-יַד הָאוֹטוֹבּוּס.
4. הַיְלָדִים יוֹשְׁבִים בָּאוֹטוֹבּוּס.
5. שִׁירִי פּוֹחֶדֶת מִן הָאוֹטוֹבּוּס הַגָּדוֹל.
6. תַּלְמִידָה עַל-יַד הָאוֹטוֹבּוּס הַקָּטָן.

 הָאוֹטוֹבּוּס הַצָּהֹב שֶׁל בֵּית-הַסֵּפֶר ‹2›

עֲנֵה:  כְּתֹב:

1. מִי הוֹלֵךְ אֶל הָאוֹטוֹבּוּס הַצָּהֹב שֶׁל בֵּית-הַסֵּפֶר?

   _____

   _____

2. מִי אוֹמֵר: שִׁירִי, בּוֹאִי, בּוֹאִי אֶל הָאוֹטוֹבּוּס?

   _____

   _____

3. מִי רוֹאָה אֶת הָאוֹטוֹבּוּס שֶׁל בֵּית-הַסֵּפֶר?

   _____

   _____

4. מִי פּוֹחֶדֶת מִן הָאוֹטוֹבּוּס שֶׁל בֵּית-הַסֵּפֶר?

   _____

   _____

5. לָמָּה שִׁירִי פּוֹחֶדֶת מִן הָאוֹטוֹבּוּס?

   _____

   _____

6. מִי אוֹמֵר: בּוֹאִי, שִׁירִי, בּוֹאִי בְּבַקָּשָׁה אֶל הָאוֹטוֹבּוּס?

   _____

   _____

7. מִי אוֹמֶרֶת: אֲנִי לֹא רוֹצָה ... אֲנִי פּוֹחֶדֶת?

   _____

   _____

8. מִי רוֹאָה אֶת הַיְלָדִים יוֹשְׁבִים בָּאוֹטוֹבּוּס?

   _____

   _____

2 הָאוֹטוֹבּוּס הַצָּהֹב שֶׁל בֵּית-הַסֵּפֶר

הוּא - הִיא

בְּחַר:

כְּתֹב:

1. רוֹנִית (הִיא) הוֹלֶכֶת הַבַּיְתָה.
2. דָּנִי (______) רוֹצֶה לָלֶכֶת הַבַּיְתָה.
3. שִׁירִי (______) עוֹמֶדֶת בַּכִּתָּה.
4. שִׁירִי הַלָּמָה(______) הוֹלֶכֶת עִם דָּנִי.
5. דָּנִי (______) אוֹמֵר: בּוֹאִי, שִׁירִי, בּוֹאִי בְּבַקָּשָׁה.
6. שִׁירִי (______) פּוֹחֶדֶת מִן הָאוֹטוֹבּוּס הַגָּדוֹל.
7. יַלְדָּה (______) רוֹצָה לָלֶכֶת הַבַּיְתָה.
8. יָעֵל (______) רוֹאָה אֶת הָאוֹטוֹבּוּס.
9. עֹפֶר (______) לֹא פּוֹחֵד מִן הַלָּמָה.
10. הַמּוֹרָה (______) רוֹאָה אֶת הַיְלָדִים יוֹשְׁבִים בָּאוֹטוֹבּוּס.
11. הַיֶּלֶד (______) בָּא אֶל שִׁירִי.
12. נָעֳמִי (______) עֲצוּבָה, כִּי הַיְלָדִים הוֹלְכִים הַבַּיְתָה.

3 שִׁירִי וְהַיְלָדִים יוֹשְׁבִים בָּאוֹטוֹבּוּס

יוֹשֵׁב	יוֹשֶׁבֶת	יוֹשְׁבִים	יוֹשְׁבוֹת

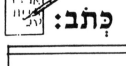

בְּחַר: הַשְׁלֵם: כְּתֹב:

א. דָּנִי יוֹשֵׁב עַל-יַד הַנֶּהָג.
ב. הוּא לֹא ______ עַל-יַד הַיַּלְדָּה.
ג. ✓ הִיא ______ עַל-יַד הַנֶּהָג.

✓ הִיא יוֹשֶׁבֶת עַל-יַד הַנֶּהָג.

א. יְלָדוֹת ______ עַל-יַד הַבַּיִת.
ב. הֵן ______ עַל-יַד הַכַּדּוּר.
ג. יְלָדוֹת לֹא ______ עַל-יַד הַבַּיִת.

______

______

א. יַלְדָּה ______ בָּאוֹטוֹבּוּס הַגָּדוֹל.
ב. הַנֶּהָג ______ בָּאוֹטוֹבּוּס הַצָּהֹב.
ג. יֶלֶד ______ עַל-יַד הַיְלָדִים.

______

______

3 שִׁירִי וְהַיְּלָדִים יוֹשְׁבִים בָּאוֹטוֹבּוּס

לַעֲזֹר לִי

הַשְׁלֵם: **כְּתֹב:**

1. דָּנִי ____ רוֹצָה ____ לַעֲזֹר ____ לִי.
2. אוֹרִית ____ רוֹצָה ____ ____ ____
3. יְלָדִים ____ ____ ____
4. יָעֵל וְשָׂרָה ____ ____ ____

הַשְׁלֵם: **כְּתֹב:**

1. הִיא ____ רוֹצָה ____ לַעֲזֹר ____ לַיְּלָדִים.
2. הַנֶּהָג ____ ____ ____ לְשִׁירִי.
3. רוֹנִית וְשָׂרָה ____ ____ ____ לַמּוֹרָה.
4. הֵם ____ ____ ____ לְמֵאִיר.

הַשְׁלֵם: **כְּתֹב:**

1. מִי ____ רוֹצָה ____ ____ לִי?
2. מִי ____ ____ ____ לְשִׁירִי?
3. ____ ____ ____ לְמֵאִיר?
4. ____ ____ ____ לְ____ ?

3 שִׁירִי וְהַיְלָדִים יוֹשְׁבִים בָּאוֹטוֹבּוּס

עוֹלֶה	עוֹלָה	עוֹלִים	עוֹלוֹת

בְּחַר:

כְּתֹב:

עוֹלָה ______ | ______ | ______ | ______

הַשְׁלֵם:

כְּתֹב:

1. דָּנִי וְשָׂרָה ______ עוֹלִים ______ עַל ______ הַכִּסֵּא.
2. אוֹרִית וְנָעֳמִי ______ ______ הָ______
3. הֵם ______ ______ הַ______
4. הוּא ______ ______ הַ______
5. הִיא ______ ______ הַ______
6. יֶלֶד ______ ______ הַ______

לָמָה שֻׁלְחָן פַּח בַּיִת אוֹטוֹבּוּס ~~כִּסֵּא~~

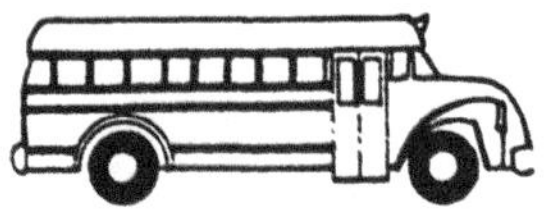

4 טוּ... טוּ... טוּ... הָאוֹטוֹבּוּס נוֹסֵעַ

נוֹסֵעַ	נוֹסַעַת	נוֹסְעִים	נוֹסְעוֹת

בְּחַר: הַשְׁלֵם: כְּתֹב:

1. שִׁירִי	נוֹסַעַת	בְּאוֹטוֹבּוּס קָטָן	
2. עַלִיזָה וְיָעֵל		בְּאוֹטוֹבּוּס גָּדוֹל	
3. דָּנִי וְרוֹנִית			
4. הַמּוֹרָה			
5. הוּא			
6. הַיְלָדִים			
7. הַיַּלְדָּה וְאוֹרִית			
8. הֵם			
9. הוּא			
10. הַנֶּהָג			

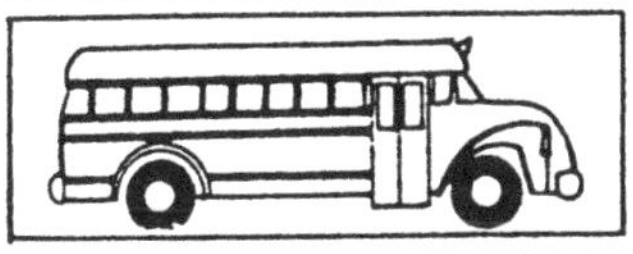

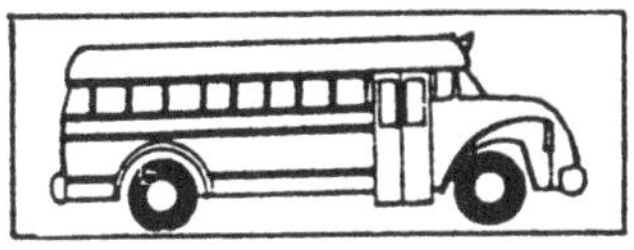

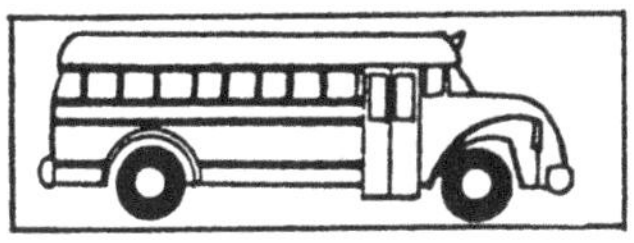

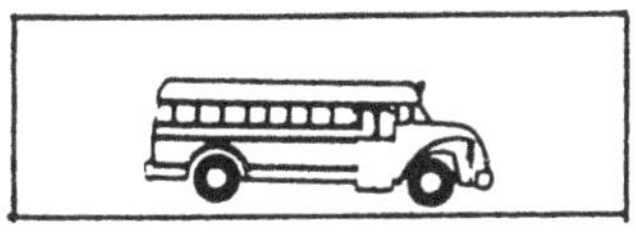

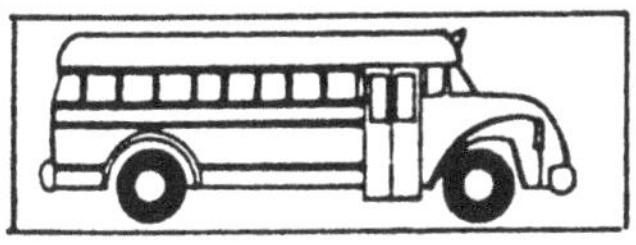

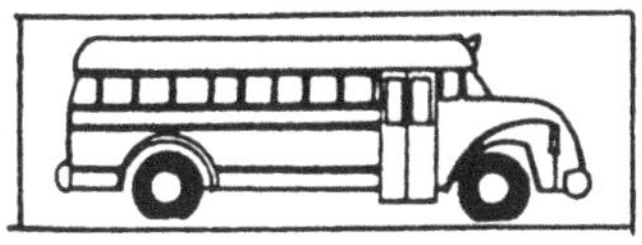

4 טוּ... טוּ... טוּ... הָאוֹטוֹבּוּס נוֹסֵעַ

מְשֹׁךְ קַו:

1. טוּ... טוּ... טוּ... הָאוֹטוֹבּוּס
2. לָמָּה צָרִיךְ
3. צָרִיךְ לָשֶׁבֶת בָּאוֹטוֹבּוּס
4. הַיְלָדִים אוֹמְרִים:
5. הָאוֹטוֹבּוּס נוֹסֵעַ
6. דָּנִי וְשִׁירִי
7. רוֹנִית יוֹרֶדֶת

כִּי הָאוֹטוֹבּוּס נוֹסֵעַ מַהֵר.
מִן הָאוֹטוֹבּוּס.
לָשֶׁבֶת בָּאוֹטוֹבּוּס?
אֶל הַבַּיִת שֶׁל דָּנִי.
יוֹרְדִים מִן הָאוֹטוֹבּוּס.
נוֹסֵעַ.
לְהִתְרָאוֹת, רוֹנִית.

כְּתֹב מִשְׁפָּטִים:

1. טוּ... טוּ... טוּ... הָאוֹטוֹבּוּס נוֹסֵעַ.
2. ______
3. ______
4. ______
5. ______
6. ______
7. ______

4 טוּ... טוּ... טוּ... הָאוֹטוֹבּוּס נוֹסֵעַ

יוֹרֵד	יוֹרֶדֶת	יוֹרְדִים	יוֹרְדוֹת

בְּחַר:

כְּתֹב:

יוֹרֶדֶת ______

______

______

______

הַשְׁלֵם:

כְּתֹב:

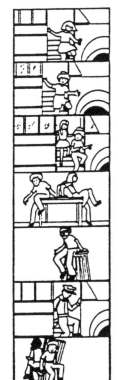

1. הִיא יוֹרֶדֶת מִן הָאוֹטוֹבּוּס
2. הוּא ______ מִן ______
3. הֵם ______ מִן ______
4. הַיְלָדִים ______ __ ______
5. עֹפֶר ______ __ ______
6. הַנֶּהָג ______ __ ______
7. הַיְלָדִים ______ __ ______

שֻׁלְחָן כִּסֵּא פַּח אוֹטוֹבּוּס.

5 דָּנִי וְשִׁירִי בָּאִים הַבַּיְתָה

פּוֹתֵחַ	פּוֹתַחַת	פּוֹתְחִים	פּוֹתְחוֹת

בְּחַר: עֲנֵה: כְּתֹב:

מִי פּוֹתֵחַ אֶת הַסֵּפֶר?

הַמּוֹרָה פּוֹתַחַת אֶת הַסֵּפֶר.

מִי פּוֹתֵחַ

1. מִי פּוֹתֵחַ אֶת הַדֶּלֶת שֶׁל הָאוֹטוֹבּוּס?
2. מִי פּוֹתֵחַ אֶת הַדֶּלֶת שֶׁל הַבַּיִת?
3. מִי פּוֹתֵחַ אֶת הַדֶּלֶת שֶׁל הַכִּתָּה?
4. מִי פּוֹתֵחַ אֶת הַסֵּפֶר?
5. מִי פּוֹתֵחַ אֶת הַיַּלְקוּט?
6. מִי פּוֹתֵחַ אֶת הַפֶּה?

5 דָּנִי וְשִׁירִי בָּאִים הַבַּיְתָה

שֶׁלָּנוּ

הַשְׁלֵם: **כְּתֹב:**

1. הַמּוֹרָה אוֹמֶרֶת: הַכִּתָּה ___שֶׁלָּנוּ___ ___יָפָה.___
2. הַיְלָדִים אוֹמְרִים: הָאוֹטוֹבּוּס ___שֶׁלָּנוּ___ ______
3. דָּנִי אוֹמֵר: הַלָּמָה ______ ______
4. אִמָּא אוֹמֶרֶת: הַבַּיִת ______ ______
5. שָׂרָה וְרוֹנִית אוֹמְרוֹת: הַמּוֹרָה ______ ______

כּוֹתֶבֶת עַל הַלּוּחַ יָפָה גָּדוֹל וְצָהֹב עוֹזֶרֶת לַיְלָדִים לָבָן

שֶׁ.....

1. אִמָּא שֶׁלָּנוּ שְׂמֵחָה ___שֶׁשִּׁירִי בַּבַּיִת שֶׁל דָּנִי.___
2. שִׁירִי רוֹאָה ___הַיְלָדִים ______
3. הֵם שְׂמֵחִים ___שִׁירִי ______

וְדָנִי חֲבֵרִים יוֹשְׁבִים בָּאוֹטוֹבּוּס בַּבַּיִת שֶׁל דָּנִי

5 דָּנִי וְשִׁירִי בָּאִים הַבַּיְתָה

יֵשׁ לָנוּ

הַשְׁלֵם: **כְּתֹב:**

1. יֵשׁ ______ לָנוּ ______ לָמָה ______ בַּכִּתָּה.
2. יֵשׁ ______ לָנוּ ______ ______ בָּאוֹטוֹבּוּס.
3. יֵשׁ ______ ______ ______ בַּבַּיִת.
4. ______ ______ ______ עַל הַלּוּחַ.
5. ______ ______ ______ בָּרֹאשׁ.
6. ______ ______ ______ עַל הַשֻּׁלְחָן.
7. ______ ______ ______ בַּפֶּה.
8. ______ ______ ______ עַל הָרֹאשׁ.
9. ______ ______ ______ בַּפַּח.
10. ______ ______ ______ בַּכִּתָּה.

עֵינַיִם עִפָּרוֹן גִּיר גְּלִידָה דֶּלֶת מוֹרָה נֶהָג יָדַיִם נְיָר ~~לָמָה~~

5 דָּנִי וְשִׁירִי בָּאִים הַבַּיְתָה

מִי אוֹמֵר אֶל מִי?

עֲנֵה:

כְּתֹב:

1. אִמָּא, אִמָּא, בּוֹאִי מַהֵר! ___דָּנִי___ אוֹמֵר אֶל ___אִמָּא.___
2. מַה זֹּאת? מִי זֹאת? ________ אוֹמֶרֶת אֶל ________
3. זֹאת שִׁירִי הַלָּמָה. ________ אוֹמֵר אֶל ________
4. עַכְשָׁו יֵשׁ לָמָה בַּכִּתָּה. ________ אוֹמֵר אֶל ________
5. אֲנִי שְׂמֵחָה שֶׁאַתְּ בַּבַּיִת שֶׁלָּנוּ. ________ אוֹמֶרֶת אֶל ________
6. מממ, תּוֹדָה. ________ אוֹמֶרֶת אֶל ________
7. אֲנִי שְׂמֵחָה שֶׁאֲנִי בַּבַּיִת שֶׁל דָּנִי. ________ אוֹמֶרֶת אֶל ________

כְּתֹב מִשְׁפָּטִים

עִם הַמִּלִּים:

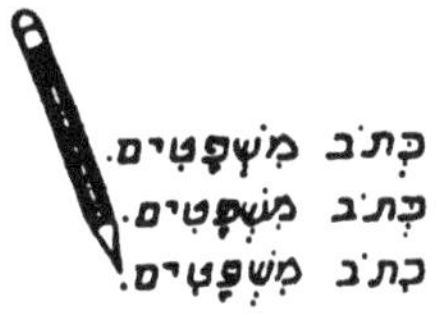

פּוֹחֶדֶת הוֹלְכִים לַעֲזֹר שֶׁלָּנוּ.

1. ________________________________
2. ________________________________
3. ________________________________
4. ________________________________

חֲזָרָה

הַשְׁלֵם: **כְּתֹב:**

1. עֹפֶר ______ הַבַּיְתָה, גַּם אוֹרִית ______ הַבַּיְתָה.
2. שִׁירִי אוֹמֶרֶת: אֲנִי ______ הוֹלֶכֶת הַבַּיְתָה כִּי ______
3. דָּנִי אוֹמֵר: שִׁירִי ______ אֶל הַבַּיִת ______
4. שִׁירִי ______ מִן הָאוֹטוֹבּוּס ______
5. שִׁירִי ______ אֶת הַיְלָדִים ______ בָּאוֹטוֹבּוּס.
6. הִיא ______ לָלֶכֶת ______ עִם דָּנִי.
7. שִׁירִי אוֹמֶרֶת: דָּנִי, ______ רוֹצֶה ______ לִי בְּבַקָּשָׁה?
8. שִׁירִי ______ : לָמָּה ______ לָשֶׁבֶת ______ ?
9. צָרִיךְ ______ בָּאוֹטוֹבּוּס כִּי הָאוֹטוֹבּוּס ______ מַהֵר.
10. דָּנִי וְשִׁירִי ______ מִן הָאוֹטוֹבּוּס שֶׁל ______
11. הַבַּיִת ______ דָּנִי גָּדוֹל וְ ______
12. דָּנִי ______ אֶת הַדֶּלֶת ______ הַבַּיִת.
13. אִמָּא שֶׁל דָּנִי ______ שִׁירִי הַלָּמָה.
14. דָּנִי ______ : אִמָּא, ______ לָמָה, ______ שִׁירִי הַלָּמָה.
15. אִמָּא שֶׁל דָּנִי אוֹמֶרֶת: אֲנִי ______ שֶׁאַתְּ בַּבַּיִת ______
16. שִׁירִי אוֹמֶרֶת: גַּם ______ שְׂמֵחָה שֶׁאֲנִי ______ דָּנִי.

חֲזָרָה

בְּחַר:

כְּתֹב:

1. עֹפֶר ___הוֹלֵךְ___ הַבַּיְתָה.	יוֹשֵׁב / ~~הוֹלֵךְ~~
2. דָּנִי ______ לָלֶכֶת הַבַּיְתָה.	מְשַׂחֵק / רוֹצֶה
3. שִׁירִי ______ וְשִׁירִי עֲצוּבָה.	עוֹמֶדֶת / יְכוֹלָה
4. דָּנִי ______ אֶל הָאוֹטוֹבּוּס הַגָּדוֹל שֶׁל בֵּית-הַסֵּפֶר.	הוֹלֵךְ / עוֹזֵר
5. שִׁירִי ______ מִן הָאוֹטוֹבּוּס הַגָּדוֹל שֶׁל בֵּית הַסֵּפֶר.	פּוֹתַחַת / פּוֹחֶדֶת
6. שִׁירִי ______ אֶת הַיְלָדִים יוֹשְׁבִים בָּאוֹטוֹבּוּס.	רוֹאָה / רוֹצָה
7. שִׁירִי שׁוֹאֶלֶת: לָמָּה ______ לָשֶׁבֶת בָּאוֹטוֹבּוּס?	כּוֹתֵב / צָרִיךְ
8. שִׁירִי ______ לָלֶכֶת אֶל הַבַּיִת שֶׁל דָּנִי.	עוֹזֶרֶת / רוֹצָה
9. הָאוֹטוֹבּוּס ______ אֶל הַבַּיִת שֶׁל רוֹנִית.	עוֹמֵד / נוֹסֵעַ
10. רוֹנִית ______ מִן הָאוֹטוֹבּוּס הַגָּדוֹל.	עוֹלָה / יוֹרֶדֶת
11. שִׁירִי וְדָנִי ______ שָׁלוֹם לַנֶּהָג.	אוֹמְרִים / בָּאִים
12. דָּנִי וְשִׁירִי ______ מִן הָאוֹטוֹבּוּס.	יוֹרְדִים / יוֹשְׁבִים
13. דָּנִי ______ אֶת הַדֶּלֶת.	פּוֹתֵחַ / פּוֹחֵד
14. אִמָּא שֶׁל דָּנִי ______ אֶת הַלָּמָה.	עוֹלָה / רוֹאָה
15. הִיא ______ אֶל הַכִּתָּה שֶׁלָּנוּ.	יוֹשֶׁבֶת / בָּאָה
16. שִׁירִי ______: גַּם אֲנִי שְׂמֵחָה שֶׁאֲנִי בַּבַּיִת שֶׁל דָּנִי.	עוֹזֶרֶת / אוֹמֶרֶת

6 מִי רוֹצֶה לִשְׁתּוֹת?

בְּחַר: **הַשְׁלֵם:** כּוֹס

1. דָּנִי __רוֹצָה__ (רוֹצֶה, רוֹצָה) לִשְׁתּוֹת חָלָב מִן __הַכּוֹס .__
2. הַיַּלְדָּה לֹא ________ (אוֹהֵב, אוֹהֶבֶת) לִשְׁתּוֹת מַיִם מִן הַ________
3. שָׂרָה וְרוֹנִית לֹא ________ (יְכוֹלִים, יְכוֹלוֹת) לִשְׁתּוֹת חָלָב מִן הַ________
4. אִמָּא ________ (יָכוֹל, יְכוֹלָה) לִשְׁתּוֹת מַיִם מִן הַ________
5. הַיֶּלֶד ________ (רוֹצֶה, רוֹצָה) לִשְׁתּוֹת מַיִם מִן הַ________
6. שִׁירִי לֹא ________ (אוֹהֵב, אוֹהֶבֶת) לִשְׁתּוֹת מַיִם מִן הַ________
7. נָעֳמִי וְשָׂרָה ________ (יְכוֹלִים, יְכוֹלוֹת) לִשְׁתּוֹת חָלָב מִן הַ________
8. הַתַּלְמִיד ________ (צָרִיךְ, צְרִיכָה) לִשְׁתּוֹת מַיִם מִן הַ________
9. דָּנִי וְהַיֶּלֶד ________ (רוֹצִים, רוֹצוֹת) לִשְׁתּוֹת מַיִם מִן הַ________
10. אוֹרִית וְיָעֵל ________ (אוֹהֲבִים, אוֹהֲבוֹת) לִשְׁתּוֹת מַיִם מִן הַ________
11. שִׁירִי לֹא ________ (צָרִיךְ, צְרִיכָה) לִשְׁתּוֹת מַיִם מִן הַ________
12. הַנֶּהָג וְהַיְּלָדִים ________ (רוֹצִים, רוֹצוֹת) לִשְׁתּוֹת מַיִם מִן הַ________

6 מִי רוֹצֶה לִשְׁתּוֹת?

שׁוֹאֵל	שׁוֹאֶלֶת	שׁוֹאֲלִים	שׁוֹאֲלוֹת
עוֹנֶה	עוֹנָה	עוֹנִים	עוֹנוֹת

בְּחַר: **כְּתֹב:** **הַשְׁלֵם:**

1. הַיְלָדִים שׁוֹאֲלִים: לָמָּה דָּנִי תַּחַת הַשֻּׁלְחָן?
1. עֹפֶר עוֹנֶה: דָּנִי תַּחַת הַשֻּׁלְחָן כִּי הוּא פּוֹחֵד מִן הַלָּמָה.

2. שִׁירִי ______ : שֶׁל מִי הָאוֹטוֹבּוּס הַצָּהֹב? ______
2. הַיְלָדִים ______ : הָאוֹטוֹבּוּס הַצָּהֹב ______

3. אִמָּא ______ : שִׁירִי, אַתְּ רוֹצָה לִשְׁתּוֹת חָלָב? ______
3. שִׁירִי ______ : לֹא תּוֹדָה, אֲנִי לֹא רוֹצָה ______

4. עַלִיזָה וְשָׂרָה ______ : לָמָּה שִׁירִי עֲצוּבָה? ______
4. מֵאִיר וְדָנִי ______ : שִׁירִי עֲצוּבָה ______

5. אִמָּא ______ : מַה זֹּאת? מִי זֹּאת? ______
5. דָּנִי ______ : זֹאת לָמָה, ______

שֶׁל בֵּית-הַסֵּפֶר	~~כִּי הוּא פּוֹחֵד מִן הַלָּמָה~~	לִשְׁתּוֹת חָלָב
כִּי הַיְלָדִים הוֹלְכִים הַבַּיְתָה	זֹאת שִׁירִי הַלָּמָה	

דָנִי שׁוֹתֶה וְשִׁירִי שׁוֹתָה ⟨7⟩

עֲנֵה:    כְּתֹב:

1. מָה אִמָּא נוֹתֶנֶת לְדָנִי?

_____

_____

2. מָה אִמָּא נוֹתֶנֶת לְשִׁירִי?

_____

_____

3. אֵיפֹה אִמָּא שָׂמָה אֶת הַכּוֹס שֶׁל דָנִי?

_____

_____

4. אֵיפֹה אִמָּא שָׂמָה אֶת הַכּוֹס שֶׁל שִׁירִי?

_____

_____

5. מִי אוֹמֵר בְּרָכָה?

_____

_____

6. מַה שִׁירִי עוֹנָה?

_____

_____

7. דָנִי שָׂם אֶת הַכּוֹס בַּ _____

8. שִׁירִי שָׂמָה אֶת הַפֶּה בַּ _____

22

⟨7⟩ דָּנִי שׁוֹתֶה וְשִׁירִי שׁוֹתָה

עֲנֵה: כְּתֹב:

1. מַה דָּנִי שׁוֹתֶה?

_____

_____

2. מַה שִׁירִי שׁוֹתָה?

_____

_____

3. מָה אַתָּה אוֹהֵב (אַתְּ אוֹהֶבֶת) לִשְׁתּוֹת?

_____

_____

צַיֵּר (צַיְּרִי) מָה אַתָּה אוֹהֵב (אַתְּ אוֹהֶבֶת) לִשְׁתּוֹת.

8 הַפֶּה לֹא יוֹצֵא מִן הַכּוֹס

גּוֹמֵר	גּוֹמֶרֶת	גּוֹמְרִים	גּוֹמְרוֹת

בְּחַר:

כְּתֹב:

1. אִמָּא __שָׂמָה__ כּוֹס מַיִם עַל הָרִצְפָּה.
(יוֹרֵד, גּוֹמֵר, שָׂמָה)

2. שִׁירִי לֹא ________ לִשְׁתּוֹת אֶת הַמַּיִם.
(גּוֹמֶרֶת, שׁוֹתָה, אוֹמֶרֶת)

3. הִיא לֹא ________ לִשְׁתּוֹת אֶת הֶחָלָב.
(יוֹשֶׁבֶת, צְרִיכָה, עוֹנָה)

4. הַפֶּה לֹא ________ מִן הַכּוֹס.
(יוֹצֵא, גּוֹמֵר, מוֹשֵׁךְ)

5. הַנֶּהָג וְהַיְּלָדִים ________ לָאוֹטוֹבּוּס.
(עוֹלִים, עוֹנִים, גּוֹמְרִים)

6. דָּנִי ________: שִׁירִי, מָה אַתְּ עוֹשָׂה?
(מוֹשֵׁךְ, יוֹשֵׁב, שׁוֹאֵל)

7. מִי ________ לְשַׂחֵק "שִׁמְעוֹן אוֹמֵר?"
(עוֹנֶה, שָׂם, רוֹצֶה)

8 הַפֶּה לֹא יוֹצֵא מִן הַכּוֹס

סַדֵּר: 1243

( ) שִׁירִי שׁוֹתָה מַיִם לְאַט.

( ) דָּנִי גּוֹמֵר לִשְׁתּוֹת.

(1) דָּנִי שׁוֹתֶה חָלָב מַהֵר.

( ) הַכּוֹס עַל הַפֶּה שֶׁל שִׁירִי.

( ) שִׁירִי גּוֹמֶרֶת לִשְׁתּוֹת.

( ) דָּנִי מוֹשֵׁךְ אֶת הַכּוֹס.

כְּתֹב:

1. דָּנִי שׁוֹתֶה חָלָב מַהֵר.

2.

3.

4.

5.

6.

9 הַפֶּה יוֹצֵא מִן הַכּוֹס

מוֹשֵׁךְ מוֹשֶׁכֶת

הַשְׁלֵם: **כְּתֹב:**

1. דָּנִי מוֹשֵׁךְ אֶת הַכּוֹס.

2. אִמָּא מוֹשֶׁכֶת אֶת ______ .

3. אַבָּא מוֹשֵׁךְ ______ ______ .

4. הָאָח ______ ______ ______ .

5. ______ ______ ______ ______ .

6. ______ ______ ______ הַזָּנָב.

הָאָח	אַבָּא	אִמָּא	הָאָחוֹת	הַתִּינוֹק

9 הַפֶּה יוֹצֵא מִן הַכּוֹס

הַשְׁלֵם: **כְּתֹב:**

1. הַפֶּה יוֹצֵא מִן הַכּוֹס.
2. הַכּוֹס בַּיָּדַיִם שֶׁל דָּנִי.
3. דָּנִי נוֹפֵל עַל ______.
4. אִמָּא נוֹפֶלֶת ______ ______.
5. אַבָּא ______ ______ ______.
6. הָ______ ______ ______ ______.
7. הָ______ ______ ______ הָרִצְפָּה.

אִמָּא	הָאָח	אַבָּא	הָאָחוֹת

⟨10⟩ לַיְלָה בָּא

עֲנֵה: 🙋 כֵּן – לֹא

כֵּן	לֹא

1. שִׁירִי צְרִיכָה לִישׁוֹן בְּמִטָּה בַּלַּיְלָה.

2. אִמָּא אוֹמֶרֶת: שִׁירִי צְרִיכָה לִישׁוֹן עַל הַפַּח.

3. דָּנִי מְשַׂחֵק בְּבֵית-הַסֵּפֶר בַּלַּיְלָה.

4. שִׁירִי רוֹצָה לָלֶכֶת אֶל הַבַּיִת שֶׁל דָּנִי.

5. דָּנִי רוֹצֶה לִישׁוֹן עַל הַשֻּׁלְחָן.

6. הַיְלָדִים שׁוֹאֲלִים: אֵיפֹה שִׁירִי יְכוֹלָה לָגוּר?

7. שִׁירִי צְרִיכָה לִישׁוֹן עַל רִצְפָּה קָשָׁה.

8. הָאוֹטוֹבּוּס שֶׁל בֵּית-הַסֵּפֶר קָטָן וְלָבָן.

9. דָּנִי הוֹלֵךְ לִישׁוֹן עַל הָרִצְפָּה.

10. שִׁירִי נוֹפֶלֶת עַל אַבָּא.

11. הַתִּינוֹק צָרִיךְ לָלֶכֶת אֶל בֵּית-הַסֵּפֶר.

12. אִמָּא אוֹמֶרֶת: שִׁירִי לֹא יְכוֹלָה לִישׁוֹן בַּמִּטָּה שֶׁל דָּנִי.

לַיְלָה בָּא ⟨10⟩

הַשְׁלֵם: ⏲ צַיֵּר: ✏️

1. הַשָּׁעָה _____ .

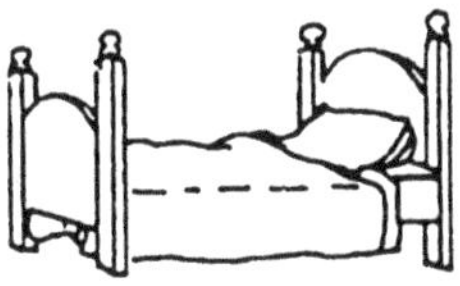

2. זֹאת הַמִּטָּה שֶׁל _____ .

3. זֹאת הַמִּטָּה _____ .

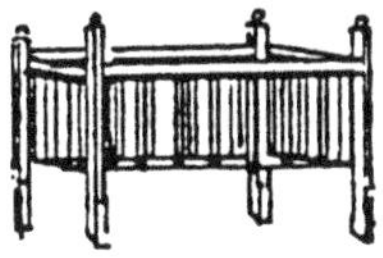

4. זֹאת _____ .

5. _____ .

6. זֹאת הַמִּטָּה שֶׁלִּי. _____

לַיְלָה בָּא ⟨10⟩

עֲנֵה: כְּתֹב:

1. מָה הַשָּׁעָה?
_____
_____

2. מָה אוֹמֶרֶת אִמָּא לְדָנִי?
_____
_____
_____

3. מִי אוֹמֵר: שִׁירִי, בּוֹאִי לִישׁוֹן בַּמִּטָּה שֶׁלִּי?
_____
_____
_____
_____
_____
_____
_____
_____
_____

4. לָמָּה שִׁירִי לֹא יְכוֹלָה לִישׁוֹן בְּמִטָּה?
_____
_____
_____

5. אֵיפֹה שִׁירִי יְכוֹלָה לִישׁוֹן?
_____
_____

11 בֹּקֶר בָּא

הַשְׁלֵם: **כְּתֹב:**

עַכְשָׁו ______ הַשָּׁעָה ______ שֵׁשׁ

עַכְשָׁו ______ הַשָּׁעָה ______

עַכְשָׁו ______ ______

עַכְשָׁו ______ ______

עַכְשָׁו ______ ______

עַכְשָׁו ______ ______

עַכְשָׁו ______ ______

עַכְשָׁו ______ ______

אַחַת	שָׁלֹשׁ	שֶׁבַע	~~שֵׁשׁ~~	אַרְבַּע	שְׁמוֹנֶה	תֵּשַׁע	חָמֵשׁ

11 בֹּקֶר בָּא

קָם	קָמָה	קָמִים	קָמוֹת

קוּמוּ!

הַתְאֵם:

כְּתֹב:

1.תִּינוֹק קָם מִן הָרִצְפָּה, שִׁירִי לֹא קָמָה. 3. אִמָּא אוֹמֶרֶת: קוּמוּ בְּבַקָּשָׁה,קוּמוּ

2.בֹּקֶר בָּא, יַלְדָּה קָמָה מִן הַמִּטָּה. 4. הַשָּׁעָה שֶׁבַע, מֵאִיר וְדָנִי קָמִים.

11 בֹּקֶר בָּא

מְשֹׁךְ קַו:

1. אִמָּא אוֹמֶרֶת: בֹּקֶר	כִּי אֲנִי עֲיֵפָה.
2. דָּנִי מוֹשֵׁךְ אֶת שִׁירִי, אֲבָל	לָמָּה אַתְּ לֹא קָמָה?
3. דָּנִי שׁוֹאֵל: שִׁירִי	לֹא צְרִיכָה לִישׁוֹן.
4. שִׁירִי עוֹנָה: אֲנִי לֹא קָמָה	שִׁירִי לֹא קָמָה.
5. דָּנִי אוֹמֵר: בַּבֹּקֶר אַתְּ	הָרִצְפָּה קָשָׁה.
6. אֲנִי רוֹצָה לִישׁוֹן, אֲבָל אֲנִי	טוֹב, יְלָדִים.
7. אֲנִי לֹא יְכוֹלָה לִישׁוֹן כִּי	לֹא יְכוֹלָה לִישׁוֹן.

כְּתֹב מִשְׁפָּטִים:

1. אִמָּא אוֹמֶרֶת: בֹּקֶר טוֹב, יְלָדִים.
2.
3.
4.
5.
6.
7.

12 שִׁירִי לֹא יְכוֹלָה לָגוּר בַּבַּיִת שֶׁל דָּנִי

מְשֹׁךְ קַו:

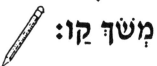

1. דָּנִי עָצוּב
2. שִׁירִי אוֹמֶרֶת: אֲנִי רוֹצָה
3. דָּנִי לֹא יוֹדֵעַ
4. שִׁירִי שׁוֹאֶלֶת: דָּנִי
5. בַּבֹּקֶר אַתְּ לֹא
6. דָּנִי לֹא עוֹנֶה כִּי
7. שִׁירִי, בּוֹאִי
8. אִמָּא אוֹמֶרֶת: קוּמוּ

לָגוּר בַּבַּיִת שֶׁלְּךָ, אֲבָל אֲנִי לֹא יְכוֹלָה.
אֵיפֹה אֲנִי יְכוֹלָה לָגוּר?
הוּא לֹא יוֹדֵעַ מַה לַעֲשׂוֹת.
צְרִיכָה לִישׁוֹן.
בְּבַקָּשָׁה, קוּמוּ!
כִּי שִׁירִי לֹא יְכוֹלָה לִישׁוֹן.
מַה לַעֲשׂוֹת.
לִישׁוֹן בַּמִּטָּה שֶׁלִּי.

כְּתֹב מִשְׁפָּטִים:

1. דָּנִי עָצוּב כִּי שִׁירִי לֹא יְכוֹלָה לִישׁוֹן.
2. __________
3. __________
4. __________
5. __________
6. __________
7. __________
8. __________

12 שִׁירִי לֹא יְכוֹלָה לָגוּר בַּבַּיִת שֶׁל דָּנִי

עֲנֵה:  כְּתֹב:

1. לָמָּה דָּנִי עָצוּב?

_____

_____

2. לָמָּה שִׁירִי לֹא יְכוֹלָה לָגוּר בַּבַּיִת שֶׁל דָּנִי?

א. _____

ב. _____

3. מַה שִׁירִי שׁוֹאֶלֶת אֶת דָּנִי?

א. _____

ב. _____

4. לָמָּה דָּנִי לֹא עוֹנֶה?

א. _____

ב. _____

12 שִׁירִי לֹא יְכוֹלָה לָגוּר בַּבַּיִת שֶׁל דָּנִי

שֶׁלְּךָ - שֶׁלָּךְ

הַשְׁלֵם: כְּתֹב:

זֶה הַכַּדּוּר שֶׁלָּךְ?

הַשְׁלֵם: כְּתֹב:

1. שָׂרָה, אֵיפֹה הַיַּלְקוּט ______ ?
2. דָּנִי, אַתָּה רוֹצֶה אֶת הַגְּלִידָה ______ ?
3. עֹפֶר, רוֹנִית צְרִיכָה אֶת הַמִּסְפָּרַיִם ______ .
4. אֲרִיאֵל, אֵיפֹה הָאוֹטוֹבּוּס ______ ?
5. שִׁירִי אוֹמֶרֶת: דָּנִי אֲנִי רוֹצָה לָגוּר בַּבַּיִת ______ .

13 אֵיפֹה שִׁירִי יְכוֹלָה לָגוּר?

נוֹסֵעַ	נוֹסַעַת	נוֹסְעִים	נוֹסְעוֹת

בְּחַר: **הַשְׁלֵם:** **כְּתֹב:**

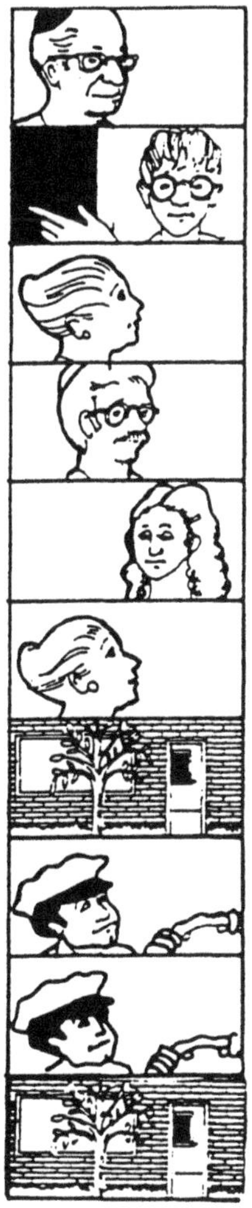

1. אַבָּא ______ בָּאוֹטוֹ שֶׁל ______ סַבָּא
2. דָּנִי ______ בָּאוֹטוֹ שֶׁל ______
3. יָעֵל ______ בָּאוֹטוֹ שֶׁל ______
4. שִׁירִי ______ בָּאוֹטוֹ שֶׁל ______
5. סַבָּא וְסַבְתָּא ______ בָּאוֹטוֹ שֶׁל ______
6. אַבָּא ______ בָּאוֹטוֹ שֶׁל ______
7. אוֹרִית וְנָעֳמִי ______ בָּאוֹטוֹבּוּס שֶׁל ______
8. יְלָדוֹת ______ בָּאוֹטוֹבּוּס שֶׁל ______
9. חֲבֵרִים ______ בָּאוֹטוֹבּוּס שֶׁל ______
10. הַנֶּהָג ______ בָּאוֹטוֹבּוּס שֶׁל ______

אִמָּא אַבָּא ~~סַבָּא~~ סַבְתָּא הַמּוֹרָה בֵּית-הַסֵּפֶר הַנֶּהָג

אֵיפֹה שִׁירִי יְכוֹלָה לָגוּר? ◆ 13

עֲנֵה:  כְּתֹב:

1. עַל מַה יוֹשְׁבִים דָּנִי וְשִׁירִי?
   _____
   _____

2. מִי רוֹאֶה שֶׁשִּׁירִי וְדָנִי עֲצוּבִים?
   _____
   _____

3. מַה שׁוֹאֶלֶת אִמָּא אֶת שִׁירִי?
   _____
   _____

4. מַה שׁוֹאֶלֶת אִמָּא אֶת דָּנִי?
   _____
   _____

5. מִי עוֹנֶה: אֲנִי עֲצוּבָה כִּי אֵין לִי בַּיִת?
   _____
   _____

6. מָה עוֹנֶה דָּנִי?
   _____
   _____

7. מִי נוֹסֵעַ אֶל סַבָּא וְסַבְתָּא?
   _____
   _____

8. מִי אוֹמֵר: אוּלַי סַבָּא וְסַבְתָּא יְכוֹלִים לַעֲזֹר לְשִׁירִי?
   _____
   _____

38

חֲזָרָה

יַלְדָּה	יֶלֶד
1. שִׁירִי רוֹצָה לִשְׁתּוֹת.	1. דָּנִי רוֹצֶה לִשְׁתּוֹת.
2. _____	2. אֲנִי אוֹהֵב מַיִם.
3. _____	3. אַתָּה שׁוֹתֶה חָלָב מַהֵר.
4. _____	4. מָה אַתָּה עוֹשֶׂה?
5. _____	5. יֶלֶד שָׂם כּוֹס חָלָב עַל הַשֻּׁלְחָן.
6. _____	6. אַבָּא מוֹשֵׁךְ אֶת הַכּוֹס.
7. _____	7. אַתָּה נוֹפֵל עַל אַבָּא.
8. _____	8. הַיֶּלֶד יָכוֹל לִישׁוֹן בַּמִּטָּה שֶׁלִּי.
9. _____	9. אֲנִי לֹא רוֹצֶה לִישׁוֹן.
10. _____	10. בֹּקֶר בָּא, הַיֶּלֶד קָם.
11. _____	11. אֲנִי לֹא קָם כִּי אֲנִי עָיֵף.
12. _____	12. בַּבֹּקֶר אַתָּה לֹא צָרִיךְ לִישׁוֹן.
13. _____	13. אַבָּא לֹא יוֹדֵעַ אֵיךְ לַעֲזֹר לְשִׁירִי.
14. _____	14. אֲנִי לֹא יוֹדֵעַ מָה לַעֲשׂוֹת.
15. _____	15. אַתָּה נוֹסֵעַ אֶל סַבָּא וְסַבְתָּא.

חֲזָרָה

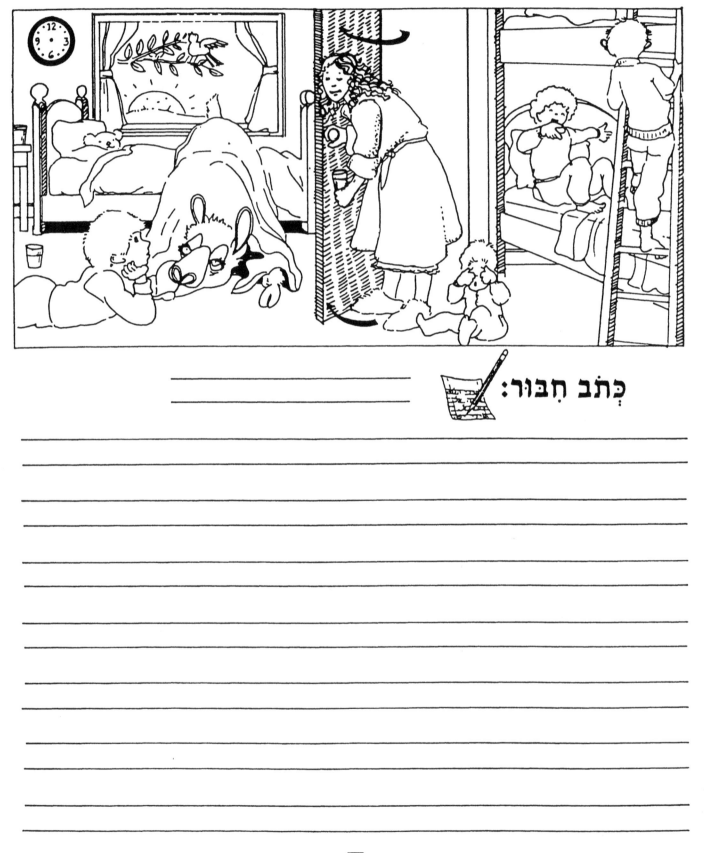

כְּתֹב חִבּוּר:

14 שִׁירִי נוֹסַעַת בָּאוֹטוֹ שֶׁל אַבָּא

בְּחַר:

כְּתֹב:

1. הַיְלָדִים ___נוֹסְעִים___ בָּאוֹטוֹ שֶׁל אַבָּא.	רוֹאִים - ~~נוֹסְעִים~~
2. שִׁירִי ______ אֶל סַבָּא וְסַבְתָּא.	נוֹסַעַת - צְרִיכָה
3. הַשֶּׁמֶשׁ ______ בַּחוּץ.	יוֹשֶׁבֶת - זוֹרַחַת
4. דָּנִי ______ אֶת הַגַּג שֶׁל הָאוֹטוֹ.	יוֹרֵד - פּוֹתֵחַ
5. אֲרִיאֵל וְיָעֵל ______ אֶת הַשֶּׁמֶשׁ בַּשָּׁמַיִם.	אוֹכְלִים - רוֹאִים
6. הַמּוֹרָה וְהַיַּלְדָּה ______ עִפָּרוֹן עַל הַשֻּׁלְחָן.	יוֹרְדוֹת - שָׂמוֹת
7. אִמָּא ______ אֶת הַדֶּלֶת.	עוֹמֶדֶת - פּוֹתַחַת
8. הַתַּלְמִיד ______ בָּאוֹטוֹבּוּס הַצָּהֹב.	שָׂם - נוֹסֵעַ
9. שִׁירִי וְהַיְלָדִים ______ בַּחוּץ.	מְשַׂחֲקִים - שָׁמַיִם
10. יֶלֶד לֹא ______ שֶׁמֶשׁ בַּשָּׁמַיִם.	עוֹלֶה - רוֹאֶה
11. אַבָּא לֹא ______ אֶת הַגַּג שֶׁל הָאוֹטוֹ.	שׁוֹתֶה - פּוֹתֵחַ
12. סַבָּא וְסַבְתָּא ______ בַּחוּץ.	צְרִיכִים - עוֹמְדִים

14 שִׁירִי נוֹסַעַת בָּאוֹטוֹ שֶׁל אַבָּא

מְשֹׁךְ קַו:

1. שִׁירִי נוֹסַעַת בָּאוֹטוֹ	אֶל סַבָּא וְסַבְתָּא.
2. הֵם נוֹסְעִים	אֶת הַחַלּוֹן.
3. דָּנִי פּוֹתֵחַ	אֶת הַשֶּׁמֶשׁ.
4. שִׁירִי אוֹהֶבֶת	בָּאוֹטוֹ שֶׁל אַבָּא.
5. שִׁירִי עוֹמֶדֶת	שֶׁל אַבָּא.
6. דָּנִי לֹא יוֹדֵעַ	אֵיךְ לַעֲזֹר לְשִׁירִי.

כְּתֹב מִשְׁפָּטִים:

1. שִׁירִי נוֹסַעַת בָּאוֹטוֹ שֶׁל אַבָּא.
2. ______
3. ______
4. ______
5. ______
6. ______

15 לָמָּה יֵשׁ ...
אוֹר צָהֹב, אוֹר אָדֹם וְאוֹר יָרֹק?

רוֹאֶה	רוֹאָה	רוֹאִים	רוֹאוֹת

בְּחַר:

כְּתֹב:

1. אַבָּא ___רוֹאֶה___ יְלָדִים בַּחוּץ.
2. הָאָחוֹת ________ שֶׁמֶשׁ בַּשָּׁמַיִם.
3. אִמָּא וְסַבְתָּא ________ אוֹר אָדֹם.
4. מֵאִיר לֹא ________ כַּדּוּר עַל הָרִצְפָּה.
5. נָעֳמִי וְיָעֵל ________ שֶׁפִּתְאֹם הָאוֹטוֹ עוֹמֵד.
6. סַבָּא וְסַבְתָּא ________ שֶׁפִּתְאֹם הַתִּינוֹק עָצוּב.
7. הַמּוֹרָה לֹא ________ עִפָּרוֹן בַּיָּד שֶׁל דָּנִי.
8. אַבָּא ________ שֶׁפִּתְאֹם הָאוֹטוֹ נוֹסֵעַ לְאַט.
9. אֲרִיאֵל ________ חָתוּל עַל הַפַּח.
10. אוֹרִית לֹא ________ כּוֹס חָלָב עַל הָרִצְפָּה.
11. הָאָח וְהָאָחוֹת לֹא ________ יְלָדִים בָּאוֹטוֹבּוּס.
12. הַיְלָדִים ________ לוּחַ בַּכִּתָּה.

15 לָמָּה יֵשׁ ...
אוֹר צָהֹב, אוֹר אָדֹם וְאוֹר יָרֹק?

אָדֹם

יָרֹק

צַיֵּר:

בַּיִת לָבָן וְאָדֹם

כַּדּוּר אָדֹם וְצָהֹב

פֶּרַח יָרֹק וְצָהֹב

חָתוּל לָבָן

אוֹטוֹבּוּס צָהֹב

שֻׁלְחָן אָדֹם

גַּג אָדֹם

יַלְקוּט אָדֹם וְיָרֹק

גִּיר לָבָן

15 לָמָּה יֵשׁ ...
אור צָהֹב, אָדֹם וְאור יָרֹק?

עֲנֵה:

כְּתֹב:

1. מִי נוסֵעַ בָּאוטו שֶׁל אַבָּא?

____

____

2. מִי רואֶה אור צָהֹב?

____

____

3. מָה עומֵד פִּתְאֹם?

____

____

4. לָמָּה עומֵד הָאוטו?

____

____

5. מִי שׁואֶלֶת: לָמָּה הָאוטו נוסֵעַ עַכְשָׁו?

____

____

6. מָה עונֶה דָּנִי?

____

____

7. מָה אומֶרֶת שִׁירִי?

____

____

16 גֶשֶׁם יוֹרֵד עַל שִׁירִי

גֶשֶׁם יוֹרֵד

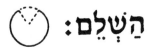

הַשְׁלֵם: כְּתֹב:

1. גֶשֶׁם יוֹרֵד עַל בַּיִת.

2. גֶשֶׁם יוֹרֵד ______ ______

3. גֶשֶׁם ______ ______ ______

4. ______ ______ ______ ______

5. ______ ______ ______ ______

אוטו   סַבָּא וְסַבְתָּא   אוטובוס   יְלָדִים   ~~בַּיִת~~

16 גֶּשֶׁם יוֹרֵד עַל שִׁירִי

שֵׁב! **שְׁבִי!**

בְּחַר:

כְּתֹב:

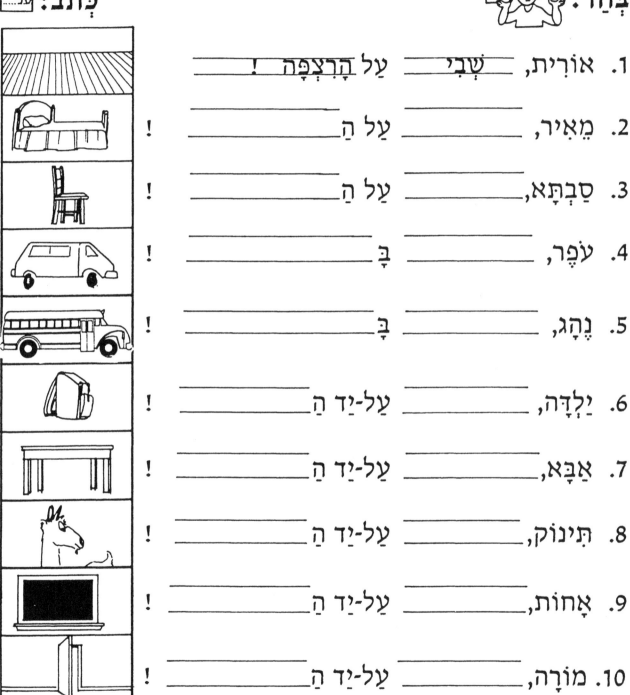

1. אוֹרִית, שְׁבִי עַל הָרִצְפָּה !
2. מֵאִיר, ______ עַל הַ______ !
3. סַבְתָּא, ______ עַל הַ______ !
4. עֹפֶר, ______ בָּ______ !
5. נֶהָג, ______ בָּ______ !
6. יַלְדָּה, ______ עַל-יַד הַ______ !
7. אַבָּא, ______ עַל-יַד הַ______ !
8. תִּינוֹק, ______ עַל-יַד הַ______ !
9. אָחוֹת, ______ עַל-יַד הַ______ !
10. מוֹרָה, ______ עַל-יַד הַ______ !

דֶּלֶת כִּסֵּא מִטָּה אוֹטוֹבּוּס אוֹטוֹ ~~רִצְפָּה~~ יַלְקוּט לָמָה שֻׁלְחָן לוּחַ

גֶּשֶׁם יוֹרֵד עַל שִׁירִי ⟨16⟩

סַדֵּר: 1243

( ) דָּנִי אוֹמֵר: אֲנִי צָרִיךְ לִסְגֹּר אֶת הַגַּג.

(1) שִׁירִי נוֹסַעַת בָּאוֹטוֹ שֶׁל אַבָּא.

( ) גֶּשֶׁם יוֹרֵד עַל הָאַף שֶׁל שִׁירִי.

( ) הָרֹאשׁ שֶׁל שִׁירִי בַּחוּץ.

( ) דָּנִי מוֹשֵׁךְ אֶת שִׁירִי.

( ) דָּנִי אוֹמֵר: שִׁירִי, שְׁבִי מַהֵר!

כְּתֹב מִשְׁפָּטִים:
כְּתֹב מִשְׁפָּטִים.
כְּתֹב מִשְׁפָּטִים.
כְּתֹב מִשְׁפָּטִים.

1. שִׁירִי נוֹסַעַת בָּאוֹטוֹ שֶׁל אַבָּא.

2. _____

3. _____

4. _____

5. _____

6. _____

17 שִׁירִי רוֹצָה לְצַיֵּר בַּשָּׁמַיִם

קְרָא: אֲנַחְנוּ מְצַיְּרִים... צַיֵּר:

יְלָדִים יוֹשְׁבִים בַּכִּתָּה	שֶׁמֶשׁ בַּשָּׁמַיִם	גֶּשֶׁם יוֹרֵד עַל הַבַּיִת
יְלָדִים מְשַׂחֲקִים בַּכַּדּוּר	יֶלֶד כּוֹתֵב עַל הַלּוּחַ	אֲרִיאֵל מוֹשֵׁךְ אֶת הַזָּנָב
יַלְדָּה שׁוֹתָה כּוֹס חָלָב	הַבֻּבָּה יוֹשֶׁבֶת עַל הַכִּסֵּא	יֶלֶד קוֹרֵא בַּסֵּפֶר

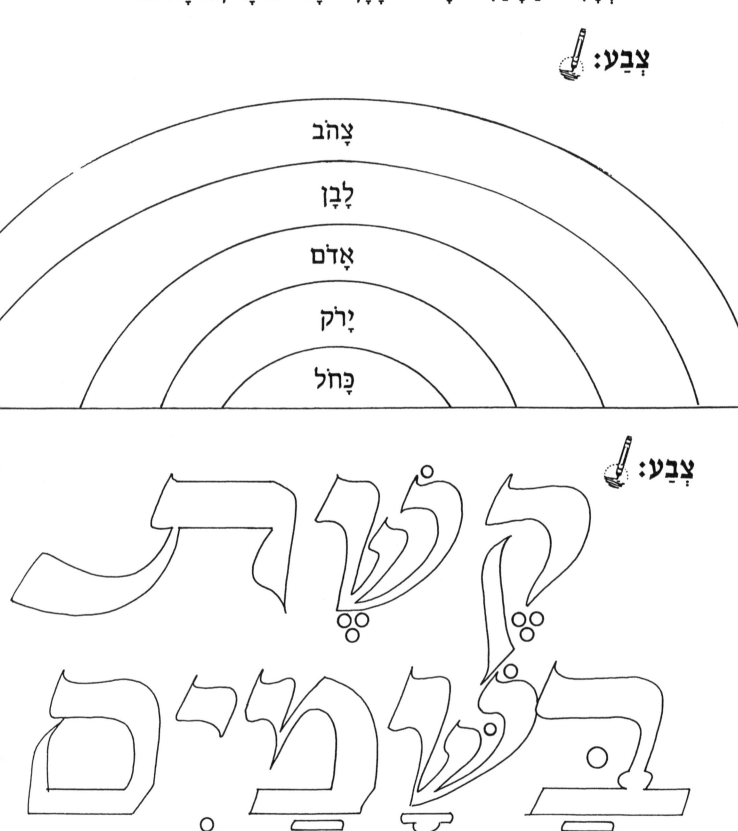

17 שִׁירִי רוֹצָה לְצַיֵּר בַּשָּׁמַיִם

צְבָעִים בַּשָּׁמַיִם: צָהֹב... לָבָן... אָדֹם... יָרֹק... כָּחֹל...

צְבַע:

צָהֹב
לָבָן
אָדֹם
יָרֹק
כָּחֹל

צְבַע:

קֶשֶׁת
בַּשָּׁמַיִם

⟨17⟩ שִׁירִי רוֹצָה לְצַיֵּר בַּשָּׁמַיִם

עֲנֵה:    כְּתֹב:

1.   מַה שִׁירִי רוֹאָה בַּשָּׁמַיִם?

_____

_____

2.   מַה שִׁירִי אוֹמֶרֶת לְדָנִי?

_____

_____

3.   מִי עוֹנֶה: שִׁירִי, אֲנַחְנוּ לֹא מְצַיְּרִים בַּשָּׁמַיִם?

_____

_____

4.   מִי אוֹמֵר: אִמָּא, יֵשׁ קֶשֶׁת בַּשָּׁמַיִם?

_____

_____

5.   מַה רָחֵל אוֹמֶרֶת?

_____

_____

6.   מָה אֲנַחְנוּ אוֹמְרִים אִם יֵשׁ קֶשֶׁת בַּשָּׁמַיִם?

_____

_____

7.   מִי אוֹמֵר בְּרָכָה?

_____

_____

8.   מִי אוֹמֵר אָמֵן?

_____

_____

חֲזָרָה

הַשְׁלֵם: **כְּתֹב:**

1. שִׁירִי ______ בָּאוֹטוֹ שֶׁל אַבָּא.
2. הֵם ______ אֶל סַבָּא וְסַבְתָּא.
3. דָּנִי ______ אֶת הַגַּג שֶׁל הָ______.
4. הָאוֹטוֹ ______ כִּי הָאוֹר יָרֹק.
5. פִּתְאֹם גֶּשֶׁם ______.
6. דָּנִי אוֹמֵר: אֲנִי צָרִיךְ ______ אֶת הַגַּג.
7. פִּתְאֹם ______ זוֹרַחַת.
8. שִׁירִי רוֹאָה ______ הַשָּׁמַיִם.
9. דָּנִי אוֹמֵר: ______ קֶשֶׁת, זֹאת ______ בַּ______.

כְּתֹב מִשְׁפָּטִים עִם הַמִּלִּים:

פִּתְאֹם   אוֹר   גַּג   יָרֹק   גֶּשֶׁם   מְצַיְּרִים

1. ______________________________
2. ______________________________
3. ______________________________
4. ______________________________
5. ______________________________
6. ______________________________

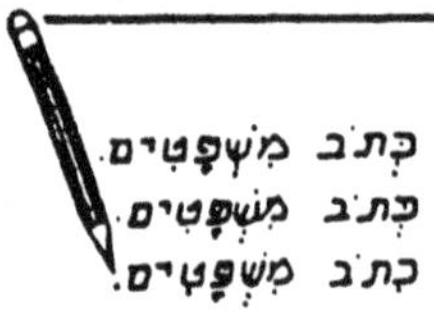

חֲזָרָה

כְּתֹב חִבּוּר:

_____

_____

_____

_____

_____

_____

_____

_____

_____

_____

_____

_____

_____

_____

_____

18 הַמִּשְׁפָּחָה בָּאָה אֶל סַבָּא וְסַבְתָּא

נותֵן	נותֶנֶת	נותְנִים	נותְנות

בְּחַר: **כְּתֹב:**
1. אַבָּא ___נותֵן___ ___כַּדּוּר___ לְדָנִי.
2. הָאָחוֹת________ ________ לַתִּינוֹק.
3. אִמָּא ________ ________ לַיַּלְדָּה.
4. סַבָּא וְסַבְתָּא ________ ________ לְשָׂרָה.
5. אִמָּא וְסַבְתָּא________ ________ לַכִּתָּה.

יַלְקוּט עִפָּרוֹן סֵפֶר בֻּבָּה ~~כַּדּוּר~~

עֲנֵה: **כְּתֹב:**
1. מָה אִמָּא וְסַבְתָּא נוֹתְנוֹת לַכִּתָּה?

אִמָּא וְסַבְתָּא נוֹתְנוֹת סֵפֶר לַכִּתָּה.

2. מָה אַבָּא נוֹתֵן לְדָנִי?

____

3. מָה אִמָּא נוֹתֶנֶת לַיַּלְדָּה?

____

4. מַה סַבָּא וְסַבְתָּא נוֹתְנִים לְשָׂרָה?

____

5. מָה הָאָחוֹת נוֹתֶנֶת לַתִּינוֹק?

____

18 הַמִּשְׁפָּחָה בָּאָה אֶל סַבָּא וְסַבְתָּא

מְשֹׁךְ קַו:

1. סַבָּא וְסַבְתָּא	לָמָּה בַּדִּירָה שֶׁלִּי!!!
2. דָּנִי בָּא אֶל	הַדִּירָה יָפָה, הַדִּירָה גְּדוֹלָה.
3. יֵשׁ	נְשִׁיקָה לְסַבְתָּא.
4. שִׁירִי אוֹמֶרֶת: סַבָּא, סַבְתָּא	הַדֶּלֶת שֶׁל סַבָּא וְסַבְתָּא.
5. שִׁירִי נוֹתֶנֶת	גָּרִים בְּדִירָה.
6. סַבָּא אוֹמֵר: שִׁירִי, שִׁירִי	גַּם אֲנִי רוֹצֶה נְשִׁיקָה.

כְּתֹב מִשְׁפָּטִים:

1. סַבָּא וְסַבְתָּא גָּרִים בְּדִירָה.
2. ______
3. ______
4. ______
5. ______
6. ______

18 הַמִּשְׁפָּחָה בָּאָה אֶל סַבָּא וְסַבְתָּא

מִשְׁפָּחָה

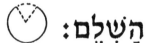

הַשְׁלֵם: **כְּתֹב:**

1. לְדָנִי יֵשׁ ___מִשְׁפָּחָה___ גְּדוֹלָה וְטוֹבָה.
2. בַּ________ שֶׁל דָּנִי יֵשׁ אַבָּא, אִמָּא, אָחוֹת וְתִינוֹק.
3. לְאוֹרִית יֵשׁ ________ טוֹבָה.
4. בַּ________ שֶׁל אוֹרִית יֵשׁ אַבָּא, אִמָּא וְאָחוֹת.
5. דָּנִי ________ בַּבַּיִת. הוּא ________ עִם הַ________.
6. אוֹרִית ________ בַּבַּיִת. הִיא ________ עִם הַ________.
7. סַבָּא וְסַבְתָּא ________ בְּדִירָה גְּדוֹלָה וְיָפָה.
8. יָעֵל וְשָׂרָה ________ בְּדִירָה גְּדוֹלָה.

גָּר גָּרָה גָּרִים גָּרוֹת מִשְׁפָּחָה

הַשְׁלֵם:

1. יֵשׁ לִי מִשְׁפָּחָה ________.
2. בַּמִּשְׁפָּחָה שֶׁלִּי יֵשׁ ________ ________ ________ ________.
3. אֲנִי גָּר/גָּרָה בְּ________ עִם הַ________.

19 מִי אוֹכֵל בַּדִּירָה שֶׁל סַבָּא וְסַבְתָּא?

רוֹצֶה	רוֹצָה	רוֹצִים	רוֹצוֹת

לֶאֱכֹל

הַשְׁלֵם: כְּתֹב:

1. אַבָּא רוֹצֶה לֶאֱכֹל בָּשָׂר.
2. אִמָּא ________ ________ ________
3. הַמִּשְׁפָּחָה ________ ________ ________
4. יְלָדִים ________ ________ ________
5. אִמָּא וְסַבְתָּא ________ ________ ________
6. אָח וְסַבָּא ________ ________ ________
7. שָׂרָה וְנָעֳמִי ________ ________ ________
8. הַמּוֹרָה ________ ________ ________
9. הַנֶּהָג ________ ________ ________
10. הַתִּינוֹק ________ ________ ________

עֻגָה ~~בָּשָׂר~~ גְּלִידָה מָרָק חַלָּה לֶחֶם גֶּזֶר תַּפּוּחַ

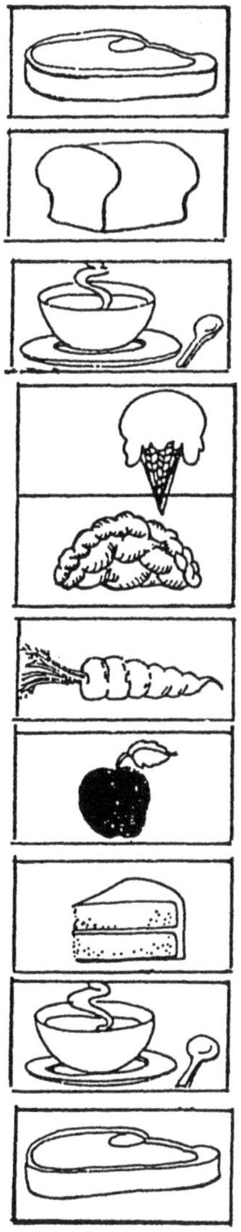

19 מִי אוֹכֵל בַּדִּירָה שֶׁל סַבָּא וְסַבְתָּא?

בְּחַר:

כְּתֹב:

1. שִׁירִי ___צְרִיכָה___ לִישׁוֹן עַל הָרִצְפָּה.	צְרִיכָה - רוֹאָה
2. יְלָדִים ______ לְצַיֵּר עַל נְיָר.	כּוֹתְבִים-אוֹהֲבִים
3. הַמִּשְׁפָּחָה ______ לֶאֱכֹל מָרָק.	רוֹצָה - רוֹאָה
4. שִׁירִי וְהַמִּשְׁפָּחָה ______ אֶל סַבָּא וְסַבְתָּא.	נוֹסְעִים- צְרִיכִים
5. הַתִּינוֹק ______ חָלָב.	שׁוֹתֶה - אוֹכֵל
6. הַפַּח ______ עַל-יַד הַדֶּלֶת.	עוֹמֵד - קוֹרֵא
7. יְלָדִים ______ עַל הָאוֹטוֹבּוּס.	יוֹרְדִים - עוֹלִים
8. הַמִּשְׁפָּחָה ______ בַּבַּיִת.	בָּאָה - גָּרָה
9. הַמּוֹרָה ______ עַל הַלּוּחַ.	שׁוֹתָה-כּוֹתֶבֶת
10. אָח וְאָחוֹת ______ אֶת סַבָּא וְסַבְתָּא.	אוֹמְרִים-אוֹהֲבִים
11. יֶלֶד וְיַלְדָּה ______ אֶל בֵּית-הַסֵּפֶר.	מוֹשְׁכִים-הוֹלְכִים
12. יְלָדוֹת ______: שָׁלוֹם מוֹרָה.	צְרִיכוֹת-אוֹמְרוֹת
13. יְלָדִים ______ "שִׁמְעוֹן אוֹמֵר".	מְשַׂחֲקִים-שָׂמִים
14. הַתִּינוֹק ______ עַל שִׁירִי הַלָּמָה.	יוֹשֵׁב-כּוֹתֵב
15. הַיַּלְדָּה ______ גִּיר עַל הַשֻּׁלְחָן.	שָׂמָה-קָמָה
16. אֲנַחְנוּ ______ לֶאֱכֹל בַּבַּיִת שֶׁל סַבְתָּא.	צְרִיכִים-אוֹכְלִים

20 אֵיפֹה הַתַּפּוּחַ שֶׁל שִׁירִי?

מִתְגַּלְגֵּל מִתְגַּלְגֶּלֶת מִתְגַּלְגְּלִים מִתְגַּלְגְּלוֹת

בְּחַר:

כְּתֹב:

1. הַכַּדּוּר ___מִתְגַּלְגֵּל___ אֶל דָּנִי.
2. הַתַּפּוּחִים ______ עַל הָרִצְפָּה.
3. הַתַּפּוּחַ ______ אֶל הַשֵּׁרוּתִים.
4. בַּלּוֹן ______ עַל הָרִצְפָּה.
5. כַּדּוּרִים ______ אֶל יְלָדִים.

רָץ רָצָה רָצִים רָצוֹת

6. הַיַּלְדָּה ___רָצָה___ אֶל בֵּית-הַסֵּפֶר.
7. יְלָדִים ______ הַבַּיְתָה מַהֵר.
8. יָעֵל וְשָׂרָה ______ הַבַּיְתָה מִן בֵּית-הַסֵּפֶר.
9. שִׁירִי ______ אַחֲרֵי הַתַּפּוּחַ.
10. יָעֵל וְאוֹרִית ______ אֶל הַדִּירָה שֶׁל סַבָּא וְסַבְתָּא.

20 אֵיפֹה הַתַּפּוּחַ שֶׁל שִׁירִי?

בְּחַר:

כְּתֹב:

1. לְאָן נוֹסֵעַ הָאוֹטוֹבּוּס הַצָּהֹב שֶׁל בֵּית-הַסֵּפֶר?

☐ הָאוֹטוֹבּוּס נוֹסֵעַ אֶל הַדִּירָה שֶׁל סַבָּא וְסַבְתָּא.

☑ הָאוֹטוֹבּוּס נוֹסֵעַ אֶל הַבַּיִת שֶׁל רוֹנִית.

הָאוֹטוֹבּוּס נוֹסֵעַ אֶל הַבַּיִת שֶׁל רוֹנִית.

2. לְאָן שִׁירִי הוֹלֶכֶת עִם דָּנִי?

☐ שִׁירִי הוֹלֶכֶת עִם דָּנִי אֶל הַבַּיִת שֶׁל סַבָּא וְסַבְתָּא.

☐ שִׁירִי הוֹלֶכֶת עִם דָּנִי אֶל הַבַּיִת שֶׁל הַמּוֹרָה.

____

____

3. לְאָן הוֹלְכִים הַיְּלָדִים אַחֲרֵי בֵּית-הַסֵּפֶר?

☐ הַיְּלָדִים הוֹלְכִים אֶל הַבַּיִת שֶׁל שִׁירִי.

☐ הַיְּלָדִים הוֹלְכִים הַבַּיְתָה.

____

____

4. לְאָן שִׁירִי רָצָה?

☐ שִׁירִי רָצָה אַחֲרֵי כּוֹס חָלָב.

☐ שִׁירִי רָצָה אַחֲרֵי הַתַּפּוּחַ הָאָדֹם.

____

____

5. לְאָן מִתְגַּלְגֵּל הַתַּפּוּחַ הָאָדֹם?

☐ הַתַּפּוּחַ הָאָדֹם מִתְגַּלְגֵּל אֶל הַבַּיִת שֶׁל סַבָּא וְסַבְתָּא.

☐ הַתַּפּוּחַ הָאָדֹם מִתְגַּלְגֵּל אֶל הַשֵּׁרוּתִים.

____

____

6. לְאָן שִׁירִי צְרִיכָה לָלֶכֶת?

☐ שִׁירִי צְרִיכָה לָלֶכֶת לַשֵּׁרוּתִים.

☐ שִׁירִי צְרִיכָה לָלֶכֶת לַכִּתָּה.

____

____

20 אֵיפֹה הַתַּפּוּחַ שֶׁל שִׁירִי?

עֲנֵה:

כְּתֹב:

1. מִי נוֹתֵן תַּפּוּחַ אָדֹם לְשִׁירִי?

2. אֵיפֹה שָׂמָה סַבְתָּא אֶת הַתַּפּוּחַ הָאָדֹם?

3. לְאָן הַתַּפּוּחַ מִתְגַּלְגֵּל?

4. מִי רָץ אֶל הַשֵּׁרוּתִים?

5. מִי לֹא רוֹצֶה לֶאֱכֹל אֶת הַתַּפּוּחַ?

6. מָה דָּנִי שׁוֹאֵל אֶת שִׁירִי?

7. מָה דָּנִי שׁוֹאֵל אֶת סַבָּא?

8. מִי לֹא יָכוֹל לָלֶכֶת לַשֵּׁרוּתִים בְּדִירָה?

9. מִי יוֹרֵד לְמַטָּה?

10. אֵיפֹה שִׁירִי צְרִיכָה לָלֶכֶת לַשֵּׁרוּתִים?

21 שִׁירִי לֹא יְכוֹלָה לָגוּר בַּבַּיִת שֶׁל סַבָּא וְסַבְתָּא

הַשְׁלֵם: **כְּתֹב:**

מִי
צוֹחֵק צוֹחֶקֶת צוֹחֲקִים צוֹחֲקוֹת
?

מִי
בּוֹכֶה בּוֹכָה בּוֹכִים בּוֹכוֹת
?

עֹפֶר וְאוֹרִית בּוֹכִים

הַיְלָדִים

עַלִיזָה

הַתִּינוֹק

רוֹנִית וְנָעֳמִי

מֵאִיר

אִמָּא וְסַבְתָּא

דָּנִי אַבָּא וְשָׂרָה

דָּנִי וְהַתִּינוֹק

הַמִּשְׁפָּחָה

הַמּוֹרָה

הַכִּתָּה

21 שִׁירִי לֹא יְכוֹלָה לָגוּר בַּבַּיִת שֶׁל סַבָּא וְסַבְתָּא

	מִי		
חוֹשֵׁב	חוֹשֶׁבֶת	חוֹשְׁבִים	חוֹשְׁבוֹת
	?		

בְּחַר:

כְּתֹב:

1. אַבָּא חוֹשֵׁב. ___________
2. אִמָּא ___________.
3. אַבָּא וְאִמָּא ___________.
4. סַבָּא ___________.
5. סַבְתָּא ___________.
6. סַבָּא וְסַבְתָּא ___________.
7. הַיְלָדִים ___________.
8. דָּנִי וְרָחֵל ___________.
9. אִמָּא רָחֵל וְסַבְתָּא ___________.
10. דָּנִי, אַבָּא וְסַבָּא ___________.
11. מָה הֵם חוֹשְׁבִים? ___________

21 שִׁירִי לֹא יְכוֹלָה לָגוּר בַּבַּיִת שֶׁל סַבָּא וְסַבְתָּא

בְּחַר: הַשְׁלֵם: כְּתֹב:

1. דָּנִי __רָץ__ אֶל הַדִּירָה שֶׁל סַבָּא וְסַבְתָּא.
2. סַבָּא ______ אֶת הַדֶּלֶת.
3. שִׁירִי רוֹצָה ______ בַּשָּׁמַיִם.
4. רוֹנִית ______ אֶת הָאוֹטוֹבּוּס הַגָּדוֹל שֶׁל בֵּית-הַסֵּפֶר.
5. אִמָּא ______ לְשִׁירִי כּוֹס חָלָב.
6. הַפֶּה לֹא ______ מִן הַכּוֹס.
7. שִׁירִי אוֹמֶרֶת: אֲנִי לֹא ______ חָלָב.
8. הַתִּינוֹק ______ אֶת הַזָּנָב.
9. הָאָח מֵאִיר אוֹמֵר: שִׁירִי בּוֹאִי ______ בַּמִּטָּה שֶׁלִּי.
10. שִׁירִי אוֹמֶרֶת: אֲנִי רוֹצָה לִישׁוֹן, אֲבָל אֲנִי לֹא ______ לִישׁוֹן עַל הָרִצְפָּה.
11. דָּנִי רוֹצֶה ______ לְשִׁירִי.
12. שִׁירִי לֹא יְכוֹלָה ______ בַּבַּיִת שֶׁל דָּנִי.
13. שִׁירִי ______ בָּאוֹטוֹ שֶׁל אַבָּא.
14. שִׁירִי לֹא רוֹצָה ______ אֶת הַגַּג.

לְצַיֵּר רוֹאֶה מוֹשֵׁךְ לָגוּר ~~רָץ~~ נוֹתֶנֶת לִישׁוֹן לִסְגֹּר

יוֹצֵא יְכוֹלָה לַעֲזֹר פּוֹתֵחַ אוֹהֶבֶת נוֹסַעַת

21 שִׁירִי לֹא יְכוֹלָה לָגוּר בַּבַּיִת שֶׁל סַבָּא וְסַבְתָּא

קְרָא:

1. סַבְתָּא שֶׁלִּי טוֹבָה.
2. הָאָחוֹת שֶׁלִּי אוֹהֶבֶת לְשַׂחֵק.
3. הַיַּלְדָּה תַּלְמִידָה בַּכִּתָּה.
4. יַלְדָּה עוֹמֶדֶת עַל-יַד הַלּוּחַ.
5. אִמָּא אוֹהֶבֶת אֶת אַבָּא.
6. הָאָחוֹת רוֹצָה לִשְׁתּוֹת מַיִם.
7. אִמָּא עוֹזֶרֶת לַיַּלְדָּה.
8. הַיַּלְדָּה אוֹמֶרֶת תּוֹדָה.
9. הַיַּלְדָּה רוֹצָה לִנְסֹעַ בָּרַכֶּבֶת.
10. אִמָּא נוֹתֶנֶת כּוֹס מַיִם לְשִׁירִי.
11. סַבְתָּא אוֹמֶרֶת: יֵשׁ חַיּוֹת בַּחַוָּה.
12. הָאָחוֹת רוֹאָה אֶת הַגֶּשֶׁם.

כְּתֹב:

1. סַבָּא שֶׁלִּי טוֹב.
2. ______
3. ______
4. ______
5. ______
6. ______
7. ______
8. ______
9. ______
10. ______
11. ______
12. ______

22 שִׁירִי רוֹצָה לָגוּר בַּחַוָּה

שׁוֹמֵעַ	שׁוֹמַעַת	שׁוֹמְעִים	שׁוֹמְעוֹת

הַשְׁלֵם: **כְּתֹב:**

1. דָּנִי ______________ אֶת הַתִּינוֹק בּוֹכֶה.
2. יָעֵל וְרוֹנִית ______________ אֶת מֵאִיר וְעֹפֶר צוֹחֲקִים.
3. יֶלֶד וְיַלְדָּה ______________ אֶת שִׁירִי אוֹמֶרֶת מממ... מממ...
4. הַמּוֹרָה לֹא ______________ אֶת הַיְלָדִים בַּכִּתָּה.
5. שִׁירִי ______________ אֶת הָאוֹטוֹבּוּס.

נוֹתֵן	נוֹתֶנֶת	נוֹתְנִים	נוֹתְנוֹת

הַשְׁלֵם: **כְּתֹב:**

1. סַבְתָּא ______________ נְשִׁיקָה לַיְלָדִים.
2. דָּנִי ______________ תַּפּוּחַ לְשִׁירִי.
3. מֵאִיר וְעֹפֶר ______________ כַּדּוּר לַתִּינוֹק.
4. סַבָּא ______________ נְשִׁיקָה לְשִׁירִי.
5. אִמָּא ______________ מַיִם לְשִׁירִי.

22 שִׁירִי רוֹצָה לָגוּר בַּחַוָּה

מִי אוֹמֵר אֶל מִי?

הַשְׁלֵם: כְּתֹב:

1. אֲנִי יְכוֹלָה לָגוּר בַּחַוָּה? _____ שִׁירִי _____ אֶל _____ סַבָּא.

2. מַה יֵּשׁ בַּחַוָּה? _____ אֶל _____.

3. בַּחַוָּה יֵשׁ חַיּוֹת. _____ אֶל _____.

4. בַּחַוָּה יֵשׁ אֹכֶל שֶׁל חַיּוֹת. _____ אֶל _____.

5. בַּחַוָּה יֵשׁ בַּיִת שֶׁל חַיּוֹת. _____ אֶל _____.

6. אֵיךְ אֲנַחְנוּ נוֹסְעִים אֶל הַחַוָּה? _____ אֶל _____.

7. אֲנַחְנוּ נוֹסְעִים אֶל הַחַוָּה בָּרַכֶּבֶת. _____ אֶל _____.

8. אֲנִי רוֹצָה לִנְסֹעַ בָּרַכֶּבֶת. _____ אֶל _____.

9. אֲנַחְנוּ נוֹסְעִים אֶל הָרַכֶּבֶת בָּאוֹטוֹ. _____ אֶל _____.

10. אֵיפֹה הַנְּשִׁיקָה שֶׁלִּי? _____ אֶל _____.

חֲזָרָה

הַשְׁלֵם: **כְּתֹב:**

	יֶלֶד	יַלְדָּה	יְלָדִים	יְלָדוֹת
1.	הולֵךְ	הולֶכֶת	הולְכִים	הולְכות
2.	יורֵד			
3.	עומֵד			
4.	יושֵׁב			
5.	עוזֵר			
6.	אוכֵל			
7.	נותֵן			
8.	כּותֵב			
9.	נופֵל			
10.	פּוחֵד			
11.	אומֵר			
12.	אוהֵב			
13.	שׁואֵל			
14.	מושֵׁךְ			
15.	חושֵׁב			
16.	מִתְגַּלְגֵּל			
17.	מְשַׂחֵק			

חֲזָרָה

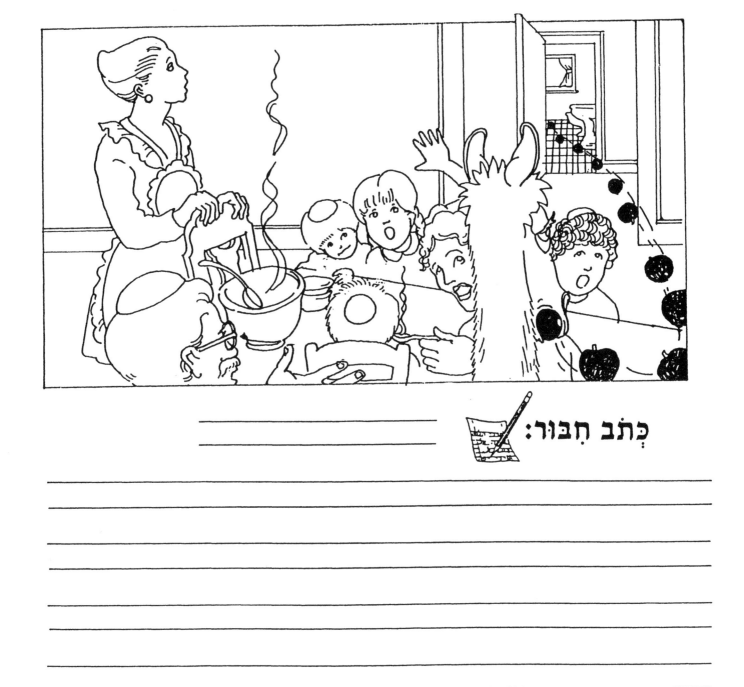

כְּתֹב חִבּוּר:

23 שִׁיק שַׁק, שִׁיק שַׁק, שִׁיק שַׁק, שִׁיק שָׁה

הַשְׁלֵם: **כְּתֹב:**

שִׁיק שַׁק, שִׁיק שַׁק,
שִׁיק שַׁק, שִׁיק שָׁה.
מִי נוֹסֵעַ אֶל הַחַוָּה?

שִׁיק שַׁק, שִׁיק שַׁק,

שִׁירִי וְהַמִּשְׁפָּחָה.

שִׁיק שַׁק, שִׁיק שַׁק,
שִׁיק שַׁק, שִׁיק שָׁה.
שִׁירִי עַל

שִׁיק שַׁק, שִׁיק שַׁק,

שִׁירִי הַלָּמָה

שִׁיק שַׁק, שִׁיק שָׁה.
שִׁירִי הַלָּמָה אוֹמֶרֶת

תּוֹדָה רַבָּה

24 שִׁירִי לֹא יוֹדַעַת לָמָּה הָעֵצִים רָצִים

עֲנֵה:

כְּתֹב:

מִי יוֹדֵעַ מַה לְצַיֵּר? דָּנִי יוֹדֵעַ מַה לְצַיֵּר.

מִי יוֹדַעַת מַה לְצַיֵּר? יָעֵל

צַיֵּר:

הָרַכֶּבֶת נוֹסַעַת

עֵצִים רָצִים

אוֹטוֹ גָּדוֹל וְיָרֹק

יַלְדָּה שׁוֹתָה מַיִם

קֶשֶׁת בַּשָּׁמַיִם

עֵץ גָּדוֹל וְעֵץ קָטָן

יֶלֶד בַּמִּטָּה

בַּיִת גָּדוֹל עַל-יַד בַּיִת קָטָן

שֶׁמֶשׁ זוֹרַחַת

24 שִׁירִי לֹא יוֹדַעַת לָמָּה הָעֵצִים רָצִים

סַדֵּר: 1243 **כְּתֹב:**

① ④ ② ③

1. שִׁירִי הַחַלּוֹן יוֹשֶׁבֶת עַל-יַד.

שִׁירִי יוֹשֶׁבֶת עַל-יַד הַחַלּוֹן.

①

2. שֶׁהָעֵצִים מַהֵר הִיא רָצִים רוֹאָה.

①

3. לֹא הָעֵצִים אֲנִי רָצִים יוֹדַעַת לָמָּה.

①

4. נוֹסְעִים הַחַוָּה אֲנַחְנוּ אֶל.

①

5. הָעֵצִים יְכוֹלִים לֹא לָרוּץ.

①

6. נוֹסַעַת הָרַכֶּבֶת עוֹמְדִים וְהָעֵצִים.

25 צִפּוֹר גְּדוֹלָה בַּשָּׁמַיִם

בְּחַר:

כְּתֹב:

1. הַשֶּׁמֶשׁ זוֹרַחַת בַּיּוֹם. — בַּיּוֹם בַּלַּיְלָה בַּבַּיִת
2. זֶה יוֹם יָפֶה ______. — בָּעֵצִים בַּיּוֹם בַּחוּץ
3. זֶה אֲוִירוֹן גָּדוֹל ______. — בַּשֶּׁמֶשׁ בַּשָּׁמַיִם בָּרַכֶּבֶת
4. חַם הַיּוֹם ______. — בַּחוּץ בַּקֶּשֶׁת בַּמָּרָק
5. יֵשׁ חַיּוֹת ______. — בַּכִּתָּה בַּחַוָּה בַּדֶּלֶת
6. אוֹטוֹ יָפֶה עוֹמֵד ______. — בַּחוּץ בַּשֶּׁמֶשׁ בַּחַלּוֹן

עֲנֵה:

כְּתֹב:

1. מַה שִׁירִי רוֹאָה בַּחוּץ?
2. מָה אוֹמֶרֶת שִׁירִי אֶל דָּנִי?
3. מָה רוֹאָה שִׁירִי בַּשָּׁמַיִם?
4. לָמָּה דָּנִי צוֹחֵק?
5. מִי לֹא יוֹדַעַת מַה זֶּה אֲוִירוֹן?

25 צִפּוֹר גְּדוֹלָה בַּשָּׁמַיִם

סַדֵּר: 1243

( ) שִׁירִי רוֹאָה אֶת הַשֶּׁמֶשׁ בַּחוּץ.

( ) שִׁירִי רוֹאָה צִפּוֹר בַּשָּׁמַיִם.

( ) דָּנִי צוֹחֵק.

( ) דָּנִי עוֹנֶה: זֹאת לֹא צִפּוֹר גְּדוֹלָה, זֶה אֲוִירוֹן.

(1) שִׁירִי יוֹשֶׁבֶת בָּרַכֶּבֶת וְהָרַכֶּבֶת נוֹסַעַת.

( ) שִׁירִי אוֹמֶרֶת: דָּנִי, דָּנִי, יֵשׁ צִפּוֹר בַּשָּׁמַיִם.

( ) דָּנִי רוֹאֶה אֶת "הַצִּפּוֹר הַגְּדוֹלָה".

( ) שִׁירִי שׁוֹאֶלֶת: דָּנִי, לָמָּה אַתָּה צוֹחֵק?

( ) אֲנִי לֹא יוֹדַעַת מַה זֶּה אֲוִירוֹן.

( ) אֲוִירוֹן זֶה אוֹטוֹ גָּדוֹל שֶׁנּוֹסֵעַ בַּשָּׁמַיִם.

כְּתֹב:

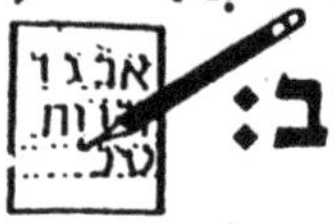

1. שִׁירִי יוֹשֶׁבֶת בָּרַכֶּבֶת וְהָרַכֶּבֶת נוֹסַעַת.

2. ____________________

3. ____________________

4. ____________________

5. ____________________

6. ____________________

7. ____________________

8. ____________________

9. ____________________

10. ____________________

25 צִפּוֹר גְּדוֹלָה בַּשָּׁמַיִם

הַשְׁלֵם: **כְּתֹב:**

1. יוֹשֵׁב	יוֹשֶׁבֶת	יוֹשְׁבִים	יוֹשְׁבוֹת
2. כּוֹתֵב			
3.		עוֹמְדִים	
4.			עוֹזְרוֹת
5.	אוֹכֶלֶת		
6. צוֹחֵק			
7.		רוֹאִים	
8.			רוֹצוֹת
9. שָׂם			
10.	בָּאָה		
11.		קָמִים	
12.			גָּרוֹת

26 הָרַכֶּבֶת נוֹסַעַת

הָר הָרִים

צַיֵּר: **בְּתוֹךְ**

בַּיִת עַל הָר

רַכֶּבֶת נוֹסַעַת בְּתוֹךְ הָר

עִפָּרוֹן בְּתוֹךְ סֵפֶר

עֵצִים עַל הָר

יַלְדָּה יוֹרֶדֶת מִן הָהָר

עִפָּרוֹן בְּתוֹךְ סֵפֶר

נֶהָג בְּתוֹךְ אוֹטוֹבּוּס

יְלָדִים עוֹלִים עַל הָר

26 הָרַכֶּבֶת נוֹסַעַת

זֶה - זֹאת

בְּחַר:
הַשְׁלֵם:
כְּתֹב:

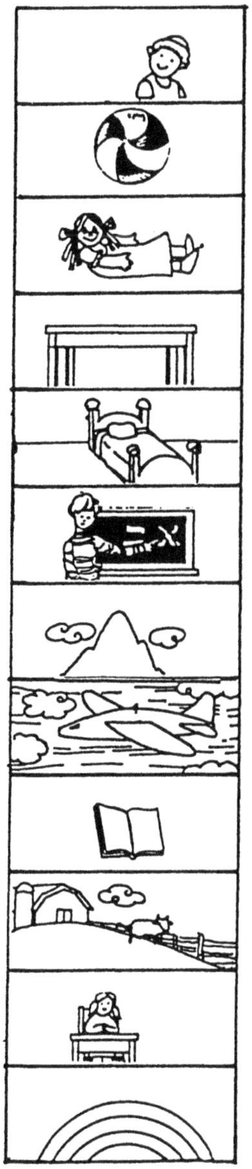

1. זֶה ______ יֶלֶד ______
2. ______ ______
3. ______ ______
4. ______ ______
5. ______ ______
6. ______ ______
7. ______ ______
8. ______ ______
9. ______ ______
10. ______ ______
11. ______ ______
12. ______ ______

הָר סֵפֶר מוֹרָה כַּדּוּר מִטָּה ~~יֶלֶד~~

אֲוִירוֹן חַוָּה שֻׁלְחָן בֻּבָּה תַּלְמִידָה קֶשֶׁת

26 הָרַכֶּבֶת נוֹסַעַת

צְבַע:

חֹשֶׁךְ בַּלַּיְלָה

חֹשֶׁךְ בָּרַכֶּבֶת

חֹשֶׁךְ בַּבַּיִת

חֹשֶׁךְ בַּדִּירָה

עֲנֵה:

כְּתֹב:

1. לָמָּה דָּנִי לֹא רוֹאֶה אֶת שִׁירִי בָּרַכֶּבֶת?

____

____

2. שִׁירִי יוֹשֶׁבֶת בַּחֹשֶׁךְ - מַה שִׁירִי שׁוֹאֶלֶת?

____

____

3. מָה אִמָּא עוֹנָה?

____

____

4. מִי פּוֹחֵד מִן הַחֹשֶׁךְ?

____

____

חֲזָרָה

הַשְׁלֵם: **כְּתֹב:**

1. הַמִּשְׁפָּחָה בָּרַכֶּבֶת. הָ_____ נוֹסַעַת _____.
2. שִׁירִי יוֹשֶׁבֶת _____ _____ הַחַלּוֹן.
3. הִיא רוֹאָה, שֶׁהָעֵצִים _____ _____.
4. שִׁירִי שׁוֹאֶלֶת: דָּנִי, _____ הָעֵצִים _____?
5. דָּנִי עוֹנֶה: הָעֵצִים לֹא _____ הֵם _____.
6. שִׁירִי _____ עַל-יַד _____.
7. פִּתְאֹם שִׁירִי _____ צִפּוֹר גְּדוֹלָה בַּ_____.
8. דָּנִי רוֹאֶה אֶת הַ"_____ הַגְּדוֹלָה "וְדָנִי _____.
9. דָּנִי עוֹנֶה: שִׁירִי, _____ לֹא צִפּוֹר גְּדוֹלָה, זֶה אֲוִירוֹן.
10. שִׁירִי שׁוֹאֶלֶת: דָּנִי, _____ _____ אֲוִירוֹן?
11. דָּנִי עוֹנֶה: אֲוִירוֹן זֶה _____ גָּדוֹל _____ _____.
12. אִמָּא אוֹמֶרֶת: דָּנִי, שִׁירִי, _____ מַהֵר! הָרֹאשׁ _____ הָרַכֶּבֶת!!!
13. פִּתְאֹם... _____ . _____ בָּרַכֶּבֶת.
14. אִמָּא אוֹמֶרֶת: אֲנַחְנוּ בְּתוֹךְ _____.
15. שִׁירִי יוֹשֶׁבֶת _____ . הִיא _____ מִן הַחֹשֶׁךְ.
16. אִמָּא נוֹתֶנֶת _____ לְדָנִי. הִיא _____ נְשִׁיקָה גַּם לְשִׁירִי.
17. פִּתְאֹם אֵין _____ - יֵשׁ _____.
18. אִמָּא, אִמָּא, אֲנִי_____ אֶת הָאוֹר.

חֲזָרָה

כְּתֹב חִבּוּר: _____

_____

_____

_____

_____

_____

_____

_____

_____

_____

_____

_____

_____

_____

27 הָרַכֶּבֶת נוֹסַעַת אֶל הַחַוָּה

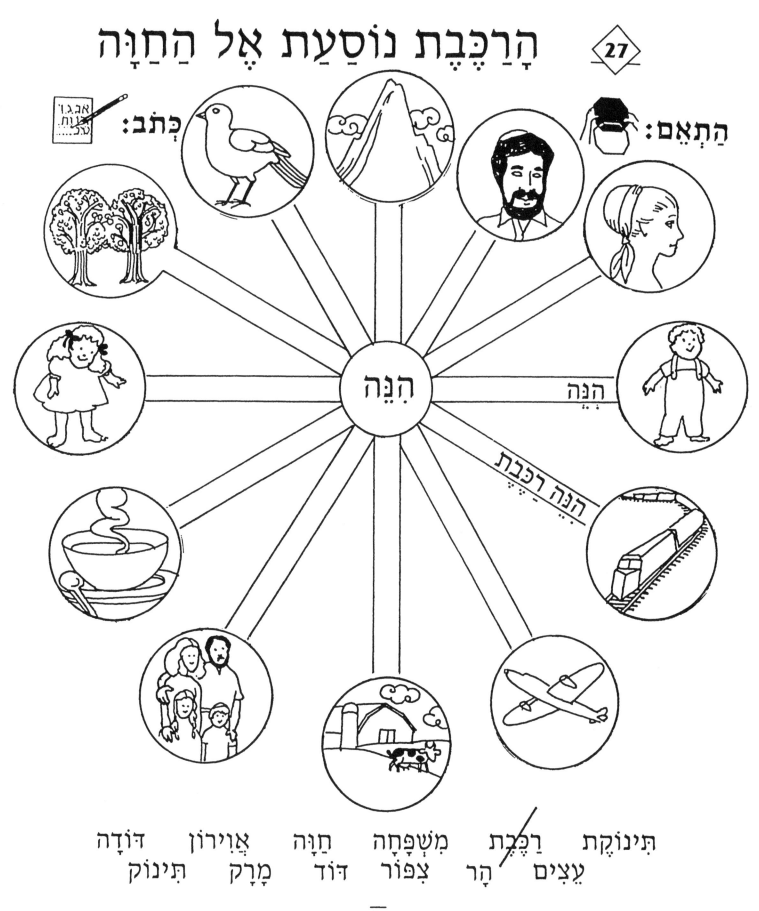

הַתְאֵם: כְּתֹב:

הִנֵּה
הִנֵּה
הִנֵּה רַכֶּבֶת

תִּינוֹקֶת רַכֶּבֶת מִשְׁפָּחָה חַוָּה אֲוִירוֹן דּוֹדָה
עֵצִים הַר צִפּוֹר דּוֹד מָרָק תִּינוֹק

הָרַכֶּבֶת נוֹסַעַת אֶל הַחַוָּה

27

חָבֵר   חֲבֵרָה   חֲבֵרִים   חֲבֵרוֹת

בְּחַר: כְּתֹב:

1. שָׂרָה חֲבֵרָה שֶׁל דָּנִי.

2. דָּנִי _____ שֶׁל שָׂרָה.

3. הַיְלָדִים _____ שֶׁל שִׁירִי.

4. אִמָּא שֶׁלִּי וְהַמּוֹרָה שֶׁלִּי _____ .

5. מֵאִיר וְעֹפֶר _____ שֶׁל אוֹרִית וְנָעֳמִי.

6. הַיְלָדִים בַּכִּתָּה _____ שֶׁלִּי.

7. שִׁירִי וְדָנִי _____ שֶׁלָּנוּ.

8. שָׂרָה וְיָעֵל _____ שֶׁלָּךְ.

9. שִׁירִי, נָעֳמִי וְאוֹרִית _____ שֶׁלִּי.

10. אֲרִיאֵל וְדָנִי _____ שֶׁלְּךָ.

11. מֵאִיר וְעֹפֶר _____ שֶׁלָּנוּ.

12. רוֹנִית וְהַנֶּהָג _____ שֶׁלְּךָ.

עֲנֵה: כְּתֹב:

1. מִי הֶחָבֵר שֶׁלְּךָ/שֶׁלָּךְ?

2. מִי הַחֲבֵרָה שֶׁלְּךָ/שֶׁלָּךְ?

82

27 הָרַכֶּבֶת נוֹסַעַת אֶל הַחַוָּה

עֲנֵה:    כְּתֹב:

1. אֵיךְ נוֹסַעַת הָרַכֶּבֶת?

_____

_____

2. מִי יוֹרֵד מִן הָרַכֶּבֶת?

_____

_____

3. מָה אוֹמֵר דָּנִי אֶל שִׁירִי?

_____

_____

4. מִי בַּיָּדַיִם שֶׁל הַדּוֹדָה שָׂרָה?

_____

_____

5. מָה אוֹמֶרֶת שִׁירִי אֶל טַלְיָה?

_____

_____

6. מָה אוֹמֶרֶת טַלְיָה אֶל שִׁירִי?

_____

_____

7. מַה הַדּוֹד מֹשֶׁה שׁוֹאֵל אֶת דָּנִי?

_____

_____

8. מָה עוֹנֶה דָּנִי?

_____

9. מַה דָּנִי שׁוֹאֵל אֶת הַדּוֹד מֹשֶׁה?

_____

_____

10. מַה שִׁירִי חוֹשֶׁבֶת?

_____

28 יוֹם רִאשׁוֹן יוֹם שֵׁנִי וְיוֹם שְׁלִישִׁי בַּחַוָּה

אֹכֶל

עֲנֵה:

כְּתֹב:

1. שִׁירִי יְכוֹלָה לֶאֱכֹל אֹכֶל שֶׁל חַיּוֹת,
אֲבָל הִיא לֹא יְכוֹלָה לֶאֱכֹל אֶת הָאֹכֶל שֶׁל סַבְתָּא.

2. שִׁירִי אוֹהֶבֶת לֶאֱכֹל ______ שֶׁל חַיּוֹת,
אֲבָל הִיא לֹא אוֹהֶבֶת לֶאֱכֹל אֶת הָ______ שֶׁל הַדּוֹדָה שָׂרָה.

3. דָּנִי רוֹצֶה לֶאֱכֹל אֶת הָ______ שֶׁל סַבְתָּא,
אֲבָל שִׁירִי לֹא ______ לֶאֱכֹל אֶת הָ______ שֶׁל סַבְתָּא.

4. דָּנִי אוֹהֵב לֶאֱכֹל ______ חַם,
אֲבָל שִׁירִי לֹא ______ לֶאֱכֹל ______ חַם.

5. הַמִּשְׁפָּחָה רוֹצָה לֶאֱכֹל ______ מִן הַשֻּׁלְחָן,
אֲבָל שִׁירִי ______ לֶאֱכֹל ______ מִן הָרִצְפָּה.

6. הַיְלָדִים אוֹמְרִים: הָ______ בַּבַּיִת טוֹב,
אֲבָל שִׁירִי ______ הָ______ בַּחַוָּה טוֹב.

28 יוֹם רִאשׁוֹן יוֹם שֵׁנִי וְיוֹם שְׁלִישִׁי בַּחַוָּה

סֵדֶר: 1243

( ) שִׁירִי מְשַׂחֶקֶת עִם הַיְלָדִים בְּיוֹם שֵׁנִי.

( ) הַדּוֹד מֹשֶׁה אוֹמֵר: אֲנִי יָכוֹל לִבְנוֹת בַּיִת עַל הָהָר.

(1) בְּיוֹם רִאשׁוֹן - שִׁירִי רוֹאָה חַיּוֹת.

( ) שִׁירִי עוֹזֶרֶת לַדּוֹד מֹשֶׁה בְּיוֹם שְׁלִישִׁי.

( ) דָּנִי, אֲרִיאֵל וְשִׁירִי עוֹמְדִים עַל הָהָר. הֵם רוֹאִים אֶת הַחַוָּה.

( ) שִׁירִי מְשַׂחֶקֶת עִם הַחַיּוֹת.

( ) הַדּוֹד מֹשֶׁה שָׂם אֹכֶל עַל הַגַּב שֶׁל שִׁירִי.

כְּתֹב:

1. בְּיוֹם רִאשׁוֹן - שִׁירִי רוֹאָה חַיּוֹת.
2. ______
3. ______
4. ______
5. ______
6. ______
7. ______

28 יוֹם רִאשׁוֹן יוֹם שֵׁנִי וְיוֹם שְׁלִישִׁי בַּחַוָּה

עֲנֵה:

כְּתֹב:

1. מָה רוֹאָה שִׁירִי בַּחַוָּה בְּיוֹם רִאשׁוֹן?
א. ______
ב. ______

2. מָה עוֹשָׂה שִׁירִי עִם הַחַיּוֹת בְּיוֹם רִאשׁוֹן?
א. ______
ב. ______

3. מָה עוֹשָׂה שִׁירִי בְּיוֹם שֵׁנִי?

4. עַל-יַד מַה שִׁירִי וְהַיְלָדִים מְשַׂחֲקִים?

5. עַל מַה שִׁירִי וְהַיְלָדִים עוֹלִים?

6. מִי עוֹמֵד עַל הָהָר?

7. מִי מִתְגַּלְגֵּל אֶל הַמַּיִם?

8. מָה עוֹשָׂה שִׁירִי בְּיוֹם שְׁלִישִׁי?

9. מַה חוֹשֵׁב הַדּוֹד מֹשֶׁה?

10. מַה שּׁוֹאֵל הַדּוֹד מֹשֶׁה אֶת שִׁירִי?

29 יוֹם רְבִיעִי וְיוֹם חֲמִישִׁי בַּחַוָּה

בּוֹנֶה	בּוֹנָה	בּוֹנִים	בּוֹנוֹת

עֲנֵה: **כְּתֹב:**

מִי בּוֹנֶה אֶת הַבַּיִת שֶׁל שִׁירִי?

1. הַדּוֹד מֹשֶׁה בּוֹנֶה אֶת הַבַּיִת שֶׁל שִׁירִי.
2. אִמָּא וְאַבָּא
3. דָּנִי
4. הַדּוֹדָה שָׂרָה
5. הַיְּלָדִים
6. אִמָּא וְהַדּוֹדָה שָׂרָה

29 יוֹם רְבִיעִי וְיוֹם חֲמִישִׁי בַּחַוָּה

שֶׁלָּהּ שֶׁלּוֹ

בְּחַר:
הַשְׁלֵם:
כְּתֹב:

1. דָּנִי נוֹתֵן אֶת הָעִפָּרוֹן לְשָׂרָה, כִּי הָעִפָּרוֹן שֶׁלָּהּ.	~~שֶׁלָּהּ~~ / שֶׁלּוֹ
2. הוּא נוֹתֵן אֶת הַסֵּפֶר לַמּוֹרָה, כִּי הַסֵּפֶר ______.	שֶׁלָּהּ / שֶׁלָּנוּ
3. אֲנִי רוֹצָה אֶת הַבַּלּוֹן, כִּי הַבַּלּוֹן ______.	שֶׁלּוֹ / שֶׁלִּי
4. אֲנַחְנוּ רוֹצִים אֶת שִׁירִי בַּכִּתָּה, כִּי הִיא ______.	שֶׁלָּנוּ / שֶׁלָּךְ
5. אִמָּא נוֹתֶנֶת חָלָב לַתִּינוֹק, כִּי הֶחָלָב ______.	שֶׁלְּךָ / שֶׁלּוֹ
6. אֲנַחְנוּ צוֹבְעִים אֶת הַבַּיִת, כִּי הַבַּיִת ______.	שֶׁלָּךְ / שֶׁלָּנוּ
7. שִׁירִי פּוֹתַחַת אֶת הַדֶּלֶת, כִּי הַדֶּלֶת ______.	שֶׁלָּךְ / שֶׁלָּהּ
8. אֲרִיאֵל נוֹתֵן אֶת הַצְּבָעִים לְנָעֳמִי, כִּי הַצְּבָעִים ______.	שֶׁלִּי / שֶׁלָּהּ
9. רוֹנִית נוֹתֶנֶת אֶת הַיַּלְקוּט לְדָנִי, כִּי הַיַּלְקוּט ______.	שֶׁלָּנוּ / שֶׁלּוֹ
10. מֵאִיר רוֹצֶה לִישׁוֹן בַּמִּטָּה הַזֹּאת, כִּי הַמִּטָּה ______.	שֶׁלּוֹ / שֶׁלְּךָ
11. אֲנַחְנוּ רוֹצִים לְשַׂחֵק עִם כַּדּוּר, כִּי הַכַּדּוּר ______.	שֶׁלְּךָ / שֶׁלָּנוּ
12. שִׁירִי לֹא רוֹצָה לֶאֱכֹל אֶת הָאֹכֶל שֶׁל סַבְתָּא, הִיא רוֹצָה לֶאֱכֹל אֶת הָאֹכֶל ______.	שֶׁלָּהּ / שֶׁלּוֹ

29 יוֹם רְבִיעִי וְיוֹם חֲמִישִׁי בַּחַוָּה

עֲנֵה: כְּתֹב:

1. מַה שִׁירִי אוֹמֶרֶת בְּיוֹם רִאשׁוֹן?

אוּ-לָה-לָה, ______

2. מַה שִׁירִי אוֹמֶרֶת בְּיוֹם שֵׁנִי?

אוּ-לָה-לָה, ______

3. מַה שִׁירִי אוֹמֶרֶת בְּיוֹם שְׁלִישִׁי?

אוּ-לָה-לָה, ______

4. מַה שִׁירִי אוֹמֶרֶת בְּיוֹם רְבִיעִי?

אוּ-לָה-לָה, ______

5. מַה שִׁירִי אוֹמֶרֶת בְּיוֹם חֲמִישִׁי?

אוּ-לָה-לָה, ______

30 יוֹם שִׁשִּׁי וְשַׁבָּת בַּחַוָּה

שַׁבָּת

כְּתֹב:

הַשְׁלֵם:

1. רָחֵל שָׂמָה ________ ________ עַל הַשֻּׁלְחָן.
2. דָּנִי ________ ________ עַל הַשֻּׁלְחָן.
3. מֵאִיר ________ ________ עַל הַשֻּׁלְחָן.
4. שִׁירִי ________ ________ עַל הַשֻּׁלְחָן.

צַיֵּר:

כְּתֹב:

בְּיוֹם שִׁשִּׁי שִׁירִי וְהַיְלָדִים עוֹזְרִים לַדּוֹדָה שָׂרָה.

הֵם שָׂמִים עַל הַשֻּׁלְחָן: ________ ________

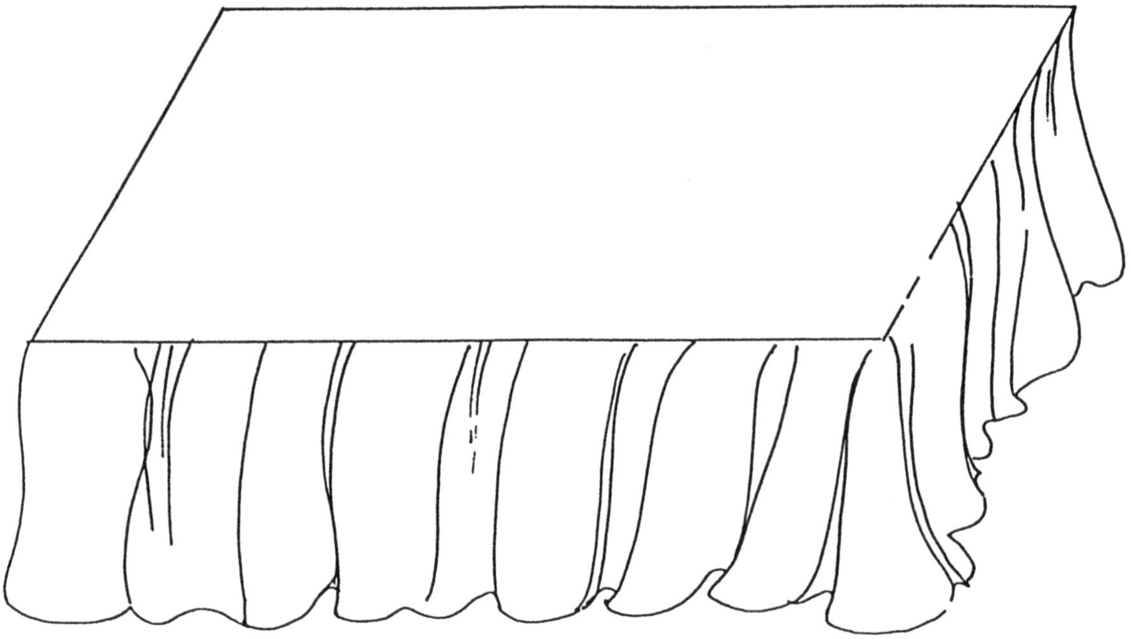

30 יוֹם שִׁשִּׁי וְשַׁבָּת בַּחַוָּה

עֲנֵה: כְּתֹב:

1. מִי עוֹזֵר לַדּוֹדָה שָׂרָה בְּיוֹם שִׁשִּׁי?

2. מִי בָּא אֶל הַשֻּׁלְחָן?

3. מִי אוֹמֵר אֶת הַבְּרָכָה עַל הַנֵּרוֹת?

4. מִי אוֹמֵר אֶת הַבְּרָכָה עַל הַיַּיִן?

5. מִי אוֹמֵר אֶת הַבְּרָכָה עַל הַחַלָּה?

6. מִי בָּא אֶל הַבַּיִת שֶׁל שִׁירִי בְּיוֹם שַׁבָּת?

7. מָה רוֹאֶה דָּנִי?

8. מָה שׁוֹאֵל דָּנִי?

9. מָה עוֹנָה שִׁירִי?

10. עַל מַה חוֹשֶׁבֶת שִׁירִי?

11. עִם מִי דָּנִי צָרִיךְ לָגוּר?

12. לָמָּה שִׁירִי שְׂמֵחָה עַכְשָׁו?

חֲזָרָה

בְּחַר: כְּתֹב מִשְׁפָּט: צַיֵּר:

בְּיוֹם רִאשׁוֹן

בְּיוֹם שֵׁנִי

בְּיוֹם שְׁלִישִׁי

בְּיוֹם רְבִיעִי

אֲרִיאֵל וְדָנִי יוֹשְׁבִים בַּמַּיִם וְצוֹחֲקִים.
הַדּוֹד מֹשֶׁה שָׂם אֹכֶל עַל הַגַּב שֶׁל שִׁירִי.
הַדּוֹד מֹשֶׁה בּוֹנֶה אֶת הַבַּיִת שֶׁל שִׁירִי עִם אַבָּא שֶׁל דָּנִי.
שִׁירִי רוֹאָה מַיִם עַל-יַד הַחַיּוֹת.

חֲזָרָה

בְּחַר: כְּתֹב מִשְׁפָּט: צַיֵּר:

בְּיוֹם חֲמִישִׁי

בְּיוֹם שִׁשִּׁי

בְּיוֹם שַׁבָּת

דָּנִי רוֹאֶה שֶׁשִּׁירִי יוֹשֶׁבֶת בְּשֶׁקֶט.
הַיְּלָדִים עוֹזְרִים לַדּוֹדָה שָׂרָה.
אַבָּא, אִמָּא, הַדּוֹד, הַדּוֹדָה וְהַיְּלָדִים צוֹבְעִים אֶת הַבַּיִת שֶׁל שִׁירִי.

חֲזָרָה

צַיֵּר:

שִׁירִי בַּבַּיִת שֶׁלָּהּ בַּחַוָּה

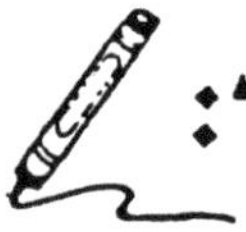

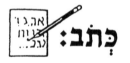

עֲנֵה:

כְּתֹב:

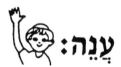

מָה שִׁירִי חוֹשֶׁבֶת?

Printed in the USA
CPSIA information can be obtained
at www.ICGtesting.com
JSHW060047150824
68134JS00031B/2665

9 780874 415919